Mon Histoire

Portrait en couverture : Pierre-Marie Valat

Titre original : *Isabel, jewel of Castilla*
Édition originale publiée par Scholastic Inc.,
557 Broadway, New York, NY 10012, USA.
© Carolyn Meyer, 2000, pour le texte
© Gallimard Jeunesse, 2009, pour la traduction française

Carolyn Meyer

Isabelle de Castille

JOURNAL D'UNE
PRINCESSE ESPAGNOLE
1466–1469

Traduit par Bee Formentelli

GALLIMARD JEUNESSE

Ségovie, le 19 février 1466, mercredi des cendres

*E*ntre minuit et le lever du jour, je suis restée à genoux sur les dalles de pierre sans rien prendre d'autre que de l'eau et un peu de pain. Le soleil n'était pas encore apparu au-dessus des murailles du château que j'avais déjà le dos douloureux et l'estomac creux comme un tambour. Il faisait si froid dans la chapelle royale que mes lèvres étaient tout engourdies. Je crains fort que mes prières n'aient été trop glacées pour pouvoir voler jusqu'à l'oreille de Dieu.

Le carême – quarante jours de prière et de jeûne – a commencé. Ce matin, un peu avant l'aube, mon confesseur, Tomás de Torquemada, m'a donné une pénitence supplémentaire. Il m'a convoquée après la messe pour me remettre ce petit cahier dont les pages de papier parchemin sont vierges. Je suis tenue de faire régulièrement mon examen de conscience. Chaque fois que je commets un péché capital, je dois le consigner ici et méditer à son sujet.

– Noter le péché, c'est en être conscient, et en être conscient, c'est l'éviter, m'a-t-il dit en me lançant un regard noir.

– Pendant combien de temps dois-je me livrer à cet exercice, mon père ? ai-je demandé.

– Jusqu'à ce que votre âme ne soit plus en danger et n'encoure plus les flammes de l'enfer, a-t-il répliqué d'une voix qui semblait venir d'outre-tombe.

Le père Torquemada se plaît à effrayer les fidèles. Aussi décharné qu'un squelette, avec un visage en lame de couteau et des yeux de charbon ardent, comment ne me terrifierait-il pas, moi aussi ?

J'appellerai ce cahier « Cahier de mes péchés capitaux ».

Voici le premier : la colère.

La cause de cette colère est l'épouse de mon frère, la reine Juana. C'est une créature aussi sotte que vaniteuse qui préfère danser, faire la coquette avec ses courtisans ou jouer aux cartes avec ses dames d'honneur plutôt que de prêter attention à son propre enfant. Voilà un an que mon frère aîné, Enrique, roi de Castille, m'a bannie ici, à Ségovie, pour vivre dans ce château avec la reine et leur petite fille, la princesse des Asturies, qui porte, elle aussi, le prénom de Juana. Pendant ce temps, Enrique réside à la cour de Madrid, ce qui le dispense d'être témoin de la conduite inconvenante de son épouse.

Il ne doit échapper à personne que la reine Juana se comporte de manière scandaleuse. C'était déjà assez évident pour notre frère cadet, Alfonso. Il était si indigné par les robes suggestives portées par les dames d'honneur de la reine qu'il leur a ordonné un beau jour de ne plus m'approcher. Bien entendu, il n'a récolté que moqueries. Qui daignerait écouter un garçon de neuf ans – son âge à l'époque ? C'était il y a quatre ans, et depuis, le costume de la reine et de ses dames d'honneur n'a certes pas gagné en modestie.

Le père Torquemada a-t-il donné également à la reine un cahier où consigner ses péchés ? Si tel est le cas, son cahier sera rempli bien avant le mien.

Ségovie, le 25 février 1466

L'orgueil passe pour être le plus grave des sept péchés capitaux. Je suis coupable. Voici l'explication.

Enrique est venu nous rendre visite. La reine Juana a fait son apparition, habillée d'une robe de soie très échancrée laissant voir ses seins, poudrés de blanc et haut remontés, telle une paire de colombes dodues. Elle se farde les joues de rouge et suspend des bijoux à ses oreilles, même en ces temps d'austérité. Quant au roi, il est arrivé, vêtu, comme à l'accoutumée, d'un pourpoint grossier, de chausses rustiques et de brodequins boueux. Et qui plus est, en grand besoin de bain ou tout au moins de parfum ! Ma servante, Ana, m'a aidée à passer une robe de laine avant de relever mes cheveux pour les enfermer dans une simple résille. De bijou, point.

Le roi Enrique est mon demi-frère. Il avait déjà atteint l'âge adulte quand sa mère est morte et que notre père, Juan, roi de Castille, a épousé ma mère, la princesse Isabelle de Portugal. Je suis née trois ans plus tard, et mon frère Alfonso moins de deux ans après. À la mort de notre père, Enrique est devenu roi. Alfonso n'était encore qu'un bébé. Notre mère, qu'on appelle aujourd'hui la « reine veuve », nous a alors emmenés, mon petit frère et moi, dans un modeste château de la bourgade d'Arévalo pour y couler des jours tranquilles.

Mais le roi Enrique ne nous a pas permis de rester avec notre mère. Il nous a d'abord intimé l'ordre à tous deux de partir pour la cour de Madrid, que nous méprisions en raison de ses mœurs immorales. Par la suite, il nous a envoyés ici, à Ségovie, à une journée de route de Madrid à travers montagnes et vallées. Dès notre arrivée, il a fait enfermer Alfonso dans une tour du château dont il ne l'a libéré qu'au bout de longues semaines, quand il a eu appris que la reine Juana avait tenté d'empoisonner mon frère avec des herbes. Fermement décidée à ce que sa fille Juana succède à Enrique sur le trône de Castille – même s'il n'est pas d'usage en notre royaume de confier le gouvernement aux reines ! –, elle nourrit en effet le dessein de se débarrasser d'Alfonso.

Je suis sûre et certaine qu'Enrique regrette d'avoir relâché Alfonso. Voilà deux ans déjà, nombre des *grandes*, les nobles les plus influents de Castille, ont commencé à prendre Enrique en horreur. Ils disent qu'il est mou et indécis. Mais ce ne sont eux-mêmes que des roitelets, en proie à de mesquines jalousies et prêts à se livrer bataille au moindre prétexte. Tout homme de quelque influence dispose d'une armée. Les évêques eux-mêmes en possèdent une. Désireux de mettre fin aux incessantes querelles, quelques-uns de ces *grandes*, appuyés par des hommes d'Église, ont érigé un trône rebelle, rival du premier, et placé sur ce trône mon jeune frère qu'ils ont proclamé roi – le roi Alfonso. Désormais, la Castille a deux rois, le pays est divisé, et le peuple ne sait point quel roi servir.

Le roi Enrique m'ordonne de rester ici, dans ce château où je me sens enfermée comme dans une prison, même si cette prison croule sous l'or et l'argent. Il s'agit soi-disant de *ma* sécurité. C'est pourtant Enrique, ce me semble, qui est entouré d'ennemis. En outre, j'ai été requise par le roi de souper avec lui ce soir. Cette perspective est loin de me réjouir.

Ségovie, le 26 février 1466

Voilà ce qui s'est passé hier soir.

Après le repas – du poisson au four, l'ordinaire du carême –, la reine Juana prit congé (à dire vrai, je la soupçonne d'avoir rejoint des amis pour jouer aux cartes). Je restai à table avec mon frère aîné.

– Ainsi, petite sœur, commença Enrique tout en

frottant ses paupières rougies, vous allez bientôt fêter votre quinzième anniversaire.

Sur ce, le roi se vautra sur sa chaise avant de roter bruyamment.

– En effet, répondis-je en baissant les yeux avec la modestie qui sied à une dame.

– Je vous offre Trujillo, continua-t-il.

Ce qui signifiait que je percevrais le montant total des taxes et des impôts de la ville de Trujillo, soit quatre-vingt-dix pièces d'or par an.

Je le remerciai chaleureusement et lui baisai la main (en m'efforçant d'ignorer ses ongles crasseux). Après quoi, je l'assurai qu'il était le meilleur et le plus généreux des frères (ce n'est certes pas la vérité, mais dire une non-vérité ne constitue pas un péché capital, aussi ne suis-je pas tenue de le consigner ici).

– Vous voilà donc en âge de vous marier, poursuivit Enrique.

Et, tirant de sa poche un cure-dents en or, il entreprit de se nettoyer les dents – trop tard, à mon avis, car il avait l'haleine fétide.

– Oui, mon seigneur, répliquai-je d'une voix plus douce que le miel, bien que je craignisse ce qui allait suivre.

– Il est donc grand temps de vous trouver un mari. Il vous plaira de savoir que le roi Afonso de Portugal vous trouve très séduisante. Il serait heureux de vous prendre pour épouse, si du moins vous donnez votre consentement.

C'était exactement ce que je redoutais. Par le passé, Enrique m'avait déjà maintes fois parlé de me fiancer au roi Afonso, le frère – ô combien repoussant ! – de la reine Juana. Afonso est riche et puissant – telle est la raison pour laquelle Enrique veut que je l'épouse. Peu lui chaut que le roi portugais ait plus du double de mon âge et qu'il soit plus laid qu'un scorpion !

« Et si je ne consens pas à ce mariage ? » aurais-je voulu lui crier. Au lieu de quoi, je m'agenouillai aux pieds de mon frère le roi et, prenant soin de garder la tête baissée de peur qu'il ne voie mes larmes, je répondis :

– Ce sera comme le souhaite mon seigneur.

Il me faut à présent expliquer pourquoi je suis coupable du péché d'orgueil : je ne suis qu'une simple princesse et ne puis prétendre au rang d'héritière du trône (il reviendra au fils d'Enrique, s'il en a un, et dans le cas contraire, à notre frère Alfonso – et non à la princesse Juana). Toutefois, je crois que je suis beaucoup trop bien pour épouser le roi de Portugal. *El Escorpión*, « le Scorpion » – tel est le nom que je lui donne.

Ségovie, le 27 février 1466

*A*ujourd'hui, après la messe, je me suis enfermée dans mes appartements, dans l'espoir qu'Enrique ne m'envoie pas chercher à nouveau. J'ai consacré tout le temps dont je disposais jusqu'au dîner à lire ma Bible et je ne me suis pas aventurée dehors avant d'avoir vu mon frère partir à cheval avec ses courtisans. Quelle piètre allure il avait dans ses rudes habits ! Quoi ! Pas même une collerette plissée en lin pour montrer qu'il n'a rien d'un humble paysan ! (N'est-ce pas précisément là un exemple de paresse, le dernier des sept péchés capitaux ?) Je m'étonne fort que la reine Juana souffre un époux aussi sale et malodorant que mon frère. Et lui, comment peut-il la supporter avec ses fards et ses parfums ? L'idée que l'homme auquel il veut me marier soit le frère de la reine ne laisse pas de me perturber.

Depuis le départ d'Enrique, j'ai passé de longues heures agenouillée à implorer le pardon de Dieu pour mes péchés et à lui demander de l'aide. « Ô Seigneur, délivrez-moi du mariage avec *El Escorpión* ! »

Ségovie, le 1ᵉʳ mars 1466

*L*a très chère Clara, ma gouvernante, fait tout ce qui est en son pouvoir pour adoucir ma peine. Elle est portugaise comme ma pauvre mère que personne au monde ne semble en mesure de réconforter. Depuis la mort de mon père, voilà une douzaine d'années, ma mère s'est murée au fond d'elle-même, dans un royaume d'ombre et de silence auquel je n'ai pas accès. Quand nous nous retrouvons ensemble, elle se contente de me regarder avec de grands yeux vides, comme hantés.

– Votre mère a maintes fois émis le souhait de vous voir prendre pour époux un Portugais, a glissé Clara, comme pour tenter de me convaincre. Tout cet or venu d'Afrique a considérablement enrichi le roi Afonso. Ce serait un mariage très avisé pour vous, doña Isabelle. Outre plus, vous parlez déjà très bien la langue.

– Mais enfin, Clara, ai-je protesté non sans laisser échapper un gémissement, n'as-tu donc jamais vu l'homme en question ? Il est très vieux et d'une laideur repoussante ! Voilà deux ans, Enrique et la reine m'ont emmenée en visite chez lui. Mon frère avait l'intention de me fiancer séance tenante au roi Afonso. Or le testament de notre père stipule clairement qu'Enrique ne peut en aucun cas me marier à quiconque sans le consentement des *grandes*. Je crains fort à présent qu'il ne tienne plus compte des volontés de notre père et n'agisse comme bon lui semble.

À ces arguments, Clara n'a rien trouvé à répondre, mais elle m'a fait remarquer que la colère ne me sied pas et gâte ma beauté. Si Enrique me force à épouser *El Escorpión*, alors en vérité, elle virera à l'aigre comme du lait tourné !

Ségovie, le 4 mars 1466

*M*es dames d'honneur et moi avons consacré toute la journée à nos travaux d'aiguille. J'étais occupée à coudre une chemise pour mon frère cadet. J'y aurais pris un plus grand plaisir si mes compagnes n'avaient pas autant bavardé, en particulier Blanca qui jacasse comme une pie. María est incapable – quel ennui ! – de parler d'autre chose que de ses nouvelles robes, Jimena se gave de friandises à longueur de journée, Mencia n'est guère brillante, quant à Elvira, elle se croit plus intelligente que quiconque. Toutes mes dames d'honneur sont les filles ou les sœurs des *grandes* qui forment la cour d'Enrique.

La seule jeune fille dont j'apprécie vraiment la compagnie est mon amie Catalina Valera dont le père est trésorier du roi. Catalina dessine admirablement à la plume. Tout aussi habile aux travaux d'aiguille (chacun de ses points est parfait), elle a esquissé sur papier un projet de bannière qui représentera l'Agneau de Dieu sur fond de soie blanche. On pourra y admirer, au-dessus de la tête de l'agneau, une couronne dorée qu'elle entend broder avec du fil d'or.

Catalina est la plus avenante de mes dames d'honneur. Elle a les traits fins et de grands yeux bruns rehaussés de sourcils plus noirs et plus épais que la zibeline. En dépit de sa beauté et de ses talents, elle a la malchance d'avoir une jambe plus courte que l'autre et un pied déformé, ce qui entraîne chez elle une boiterie. Je me demande s'il ne faut pas voir dans son infirmité l'effet du châtiment de Dieu. De fait, elle est d'ascendance *converso*, ce qui signifie qu'elle a pour ancêtres ces juifs qui se convertirent au christianisme voilà des générations. Le bruit court que les Valera sont restés juifs de cœur et continuent à pratiquer, dans le plus grand secret, les anciens rituels et prescriptions du judaïsme.

Il nous arrive rarement d'être en tête à tête, mais aujourd'hui, profitant d'un bref moment où les autres dames d'honneur s'étaient envolées toutes ensemble je ne sais où, j'ai confié à Catalina mes craintes d'être fiancée à *El Escorpión*.

– Je ne sais que vous dire, doña Isabelle, a-t-elle murmuré en secouant la tête avec sympathie. Pour ma part, j'ai déjà pris la décision d'entrer au couvent et de consacrer ma vie entière à Dieu.

– Mais pourquoi ?

– À cause de ma mauvaise jambe, répondit-elle, les yeux débordants de larmes. Mon père s'est avéré incapable de trouver un prétendant pour moi, en dépit de ses promesses réitérées d'offrir une dot substantielle. Et il a plusieurs filles à marier.

Je serrai ses mains dans les miennes en l'assurant que j'étais désolée – ô combien ! – pour elle. Toutefois, dans mon for intérieur, je souhaite parfois échanger mon sort contre le sien. La vie auprès de Dieu semble infiniment préférable à une vie en compagnie d'*El Escorpión*.

C'est ici qu'en dépit de mes bonnes intentions, un autre péché capital fait son apparition : l'envie.

Ségovie, le 7 mars 1466

La petite princesse Juana – dont la mère se désintéresse complètement – vagabonde à travers tout le château, poursuivie par sa nourrice. Je la garde parfois avec moi. J'ai assisté à sa naissance il y a quatre ans. De plus, je suis sa marraine. C'est donc mon devoir – un devoir qui ne me pèse pas, au contraire. J'essaie de lui enseigner les principaux points de couture : le point arrière, le point de chaînette, etc., mais elle perd vite patience, et moi aussi.

La princesse aime à se rendre dans la grande salle d'albâtre où sont alignées les statues des rois de Castille. Trente-quatre de ces rois, sculptés dans un bois polychrome – or et argent – siègent sur leurs trônes respectifs, le sceptre à la main. Les reines se tiennent derrière eux, légèrement à l'écart – détail qui n'a pas échappé à la petite princesse.

– Pourquoi n'y a-t-il pas de reines sur les trônes ? a-t-elle demandé.

Je lui ai expliqué qu'aucune reine n'avait encore gouverné. Les femmes passent en effet pour ne pas être aptes à cette fonction.

Le dernier de la rangée est Enrique, lequel a bien plus fière allure en bois peint qu'en chair et en os. Toutefois, le sculpteur a beau l'avoir aminci, il lui a laissé son nez cassé et son menton saillant qui lui donnent le même air brutal que dans la vie réelle. On l'appelle parfois *El León*, « le Lion », et ce nom lui convient parfaitement.

Hormis les rois, il y a là *El Cid*, le légendaire chevalier qui, voilà quatre siècles, combattit vaillamment pour mon ancêtre, le roi Alfonso VI. *El Cid* est ma statue préférée. Tandis que la princesse se juche sur les genoux du sosie d'Enrique, je contemple le héros conquérant.

Ségovie, le 8 mars 1466

Enrique redoute que, si l'on me laisse livrée à moi-même, je ne me retourne contre lui sous l'influence de quelques-uns de ses ennemis – et il n'en manque certes pas ! Je ne puis donc faire un pas sans être épiée, et il m'est bien entendu interdit de m'aventurer au-delà des murailles de la cité. Je suis intimement convaincue que certaines de mes dames d'honneur racontent des choses sur moi à leurs pères ou à leurs frères, lesquels, à leur tour, rapportent ces histoires, vraies ou fausses, à Enrique. Je soupçonne en particulier Elvira, en raison de la haute opinion qu'elle a d'elle-même, mais il pourrait s'agir aussi bien de la terne Mencia. Catalina est la seule en qui j'ai une totale confiance.

Et qu'en est-il de ma servante Ana ? Comme par hasard, la maladroite semble toujours faire irruption dans mes appartements au moment précis où je commence à écrire dans mon cahier. C'est une chance pour moi qu'elle ne sache pas lire. Que penserait-elle de tout cela, si elle *savait* ?

Robuste, le teint fleuri, Ana apporte avec elle l'air pur de la campagne. Il me suffit de la regarder pour me languir de l'époque la plus heureuse de mon enfance, au temps où elle était elle-même à peine sortie de l'âge tendre. J'étais libre alors de monter à cheval chaque fois qu'il me plaisait, d'aller chasser dans la forêt avec Alfonso ou de patauger à ma guise dans les frais ruisseaux. Cette époque bénie a pris brutalement fin lorsque Enrique a insisté pour nous emmener à Madrid, Alfonso et moi – afin d'y recevoir une éducation, a-t-il précisé. Et qui a été chargé de mon « éducation » ? La reine Juana ! S'agissant du dévergondage et de la débauche, elle fait une jolie préceptrice, ah oui !

Ségovie, le 11 mars 1466

Dans ma prison dorée, j'ai été à tout le moins autorisée à recevoir certains visiteurs. Ma très chère amie Beatríz de Bobadilla est arrivée hier d'Arévalo. Ses visites sont d'autant plus précieuses qu'elles sont rares.

Beatríz a vingt-trois ans. Elle est fiancée à Andrés de Cabrera, l'intendant en chef d'Enrique. On nous prend volontiers pour des sœurs tant nous nous ressemblons.

Aussi grande que moi, elle a pareillement taille fine et teint clair. Ses cheveux sont, comme les miens, de ce blond à reflets roux dit « blond hasardé » ou « blond vénitien ». Quant à ses yeux, ils sont de la même couleur indéfinissable – entre le bleu et le vert – que les miens. Ce que j'admire le plus chez Beatríz, c'est son intelligence et son courage. Elle ose braver les conventions, préférant par exemple se promener à cheval plutôt qu'à dos de mule, comme les jeunes demoiselles de qualité sont censées le faire, une fois sorties de l'enfance.

— Il faut absolument que je vous parle en privé, chuchota Beatríz, à peine arrivée.

Toutefois, de peur qu'un aparté attire l'attention de mes dames d'honneur, nous prîmes place au milieu d'elles avec nos ouvrages, nous bornant à évoquer son prochain mariage. Pour tout avouer, nos langues allaient bon train – plus encore que nos aiguilles !

Au bout d'un moment, Beatríz et moi finîmes par nous envelopper de nos mantes pour aller nous promener dans la cour du château. Postées dans les tourelles dont étaient flanquées, à chaque angle, les épaisses murailles, il y avait des sentinelles aux aguets, et je savais leurs yeux vigilants posés sur nous, mais elles n'étaient pas à portée de voix, et il leur était impossible de surprendre notre conversation.

— Je me fais bien du souci au sujet du roi Alfonso, souffla Beatríz. Selon une rumeur venue d'Ávila, il serait en train de perdre tout soutien.

– N'y a-t-il rien à faire ? demandai-je – bien inutilement, car je connaissais la réponse.

Je n'ai effectivement aucun moyen d'aider Alfonso.

En dépit de son jeune âge (treize ans), mon frère cadet, le roi Alfonso, prend son rôle très au sérieux, comme il est de son devoir. Mon frère aîné, quant à lui, est déterminé coûte que coûte à garder la couronne et à se maintenir sur le trône. Je m'efforce de ne pas avoir l'air de favoriser l'un plutôt que l'autre. C'est le plus jeune, Alfonso, qui a mon soutien, mais, pour ma propre sécurité, je dois me garder d'irriter l'aîné. Une position telle que la mienne est on ne peut plus inconfortable : il est terrible d'être ainsi écartelée entre ses deux frères.

Enrique paraît avoir décidé – du moins tout le monde le croit – qu'à sa mort, la véritable couronne de Castille reviendrait à Alfonso. Enrique n'ayant pas de fils, c'est, ce me semble, ce qu'il conviendrait précisément de faire. Mais « ce qu'il conviendrait de faire » ne signifie rien pour la reine Juana. Elle s'est mis dans la tête que sa petite princesse deviendrait un jour la première reine de Castille, et peu lui chaut ce que veut la tradition.

C'est certainement là péché de cupidité !

Quelle sottise ! Pourquoi la stupidité n'est-elle pas un des péchés capitaux ?

Ségovie, le 14 mars 1466

Beatríz est partie à cheval avec son escorte il y a à peine quelques heures. Avant de prendre congé, elle m'a demandé :

– Qu'en est-il d'*El Escorpión* ? Enrique vous a-t-il fiancée à lui ?

Jusque-là, je n'avais pas eu le cœur d'en parler.

– Pas encore, ai-je répondu, mais je sais que d'ici peu, je risque fort d'être obligée de me soumettre à ses volontés.

Sur ce, j'ai éclaté en sanglots.

– Comme je vous envie, ai-je ajouté en pleurant, d'être fiancée à un homme que vous ne méprisez pas !

(L'envie ! Derechef !)

Depuis le départ de mon amie, je suis non seulement ébranlée mais très abattue.

Ségovie, le 15 mars 1466

Si consigner mes péchés dans ce cahier est censé m'en guérir, alors c'est un échec. Je n'ignore point que ce n'est pas à moi d'accuser les autres de pécher, comme je l'ai écrit il y a peu à propos de la reine Juana. Quand bien même cela serait. Je vais me confesser au père Torquemada et j'accepterai la pénitence qu'il m'infligera.

La propre vie de notre aumônier n'est que pénitence et mortification – ce n'est un secret pour personne. Il porte un cilice à même la peau, dort sur une simple planche, ne touche jamais à la viande et, de son propre chef, se prive de toute nourriture pendant plusieurs jours de suite – et cela, pour le bien de son âme. Pour ma part, je déteste lui demander une pénitence, même si c'est pour le bien de *mon* âme.

Ségovie, le 18 mars 1466

Ma pénitence consiste à faire maigre jusqu'à Pâques : je dois manger juste assez pour me maintenir en vie mais pas assez pour satisfaire mon appétit. Nos repas de carême sont déjà des plus frugaux : poisson bouilli ou au four ou bien œufs (à raison d'une seule fois par jour), et pour le souper, rien que du pain et des fruits. Mais je suis censée me priver également de fruits et ne suis autorisée à consommer, pendant deux semaines, que des légumes. En particulier, des aubergines que j'ai en horreur. Et – pis encore ! – des choux. Les artichauts me sont interdits, pour la raison précise que je les affectionne. Je n'ai pas droit non plus aux oranges pour le même motif. Il se peut que je ne parvienne pas à vaincre mon péché d'orgueil, mais il est certain que je ressentirai les affres de la faim quand j'irai me coucher après un misérable souper de pain et d'oignons.

Trois semaines de régime – et quel régime !

Ana, la chère enfant, m'a annoncé qu'elle avait décidé de partager mes « souffrances » – selon ses propres termes. La voilà donc réduite, elle aussi, au pain et aux oignons.

Ségovie, le 21 mars 1466

*P*auvre Ana ! Elle ne supporte pas les oignons et se promène à travers tout le château avec un air dolent. Je lui ai rapporté de la table royale une part de poisson qu'elle a d'abord refusée pour bientôt la dévorer avidement.

Ségovie, le 23 mars 1466

*H*ier soir, la reine Juana est venue m'entretenir avec le plus grand sérieux de mes fiançailles avec son frère, le roi de Portugal. Je terminais tout juste mes prières quand elle s'est présentée dans mes appartements, sans égard aucun pour ma pudeur. Comme à l'accoutumée, la reine portait une robe à la taille si étranglée et au corps si ajusté que ses seins semblaient en jaillir, tandis que j'étais vêtue – et restai vêtue tout au long de notre entretien – d'une simple chemise.

– Doña Isabelle, commença-t-elle, j'ai confiance que vous ne vous opposerez pas au projet du roi Enrique qui souhaite vous voir épouser mon frère.

Jugeant le silence préférable, je demeurai coite. Elle se mit à arpenter ma chambre d'un pas nonchalant, prenant, l'un après l'autre, différents objets pour les reposer ensuite, s'arrêtant pour admirer un crucifix d'or, cadeau de ma mère. Je dus me faire violence pour ne pas le lui arracher des mains.

– Nous envisageons votre mariage pour juillet ou peut-être pour août, poursuivit-elle. Que vous en semble, doña Isabelle ? Cette perspective vous plaît-elle ? Un joli mariage à la belle saison ?

– Elle ne me plaît nullement ! m'écriai-je. Pas plus qu'un mariage en automne, en hiver ou au printemps. Dès ma première rencontre avec lui, l'idée d'épouser le roi de Portugal m'a déplu.

La reine Juana sembla surprise.

– Mais pourquoi ?

– Il est beaucoup plus âgé que moi, répondis-je, et je crains que nous n'ayons pas grand-chose en commun.

Je n'avais pas fait allusion à la hideur d'*El Escorpión* !

La reine fronça les sourcils, et sa petite bouche peinte en rouge se pinça dans une moue de dépit.

– Le roi Enrique a des années et des années de plus que moi, rappela-t-elle. Et votre propre père était, lui aussi, bien plus âgé que votre mère. Je crois que les choses sont préférables ainsi.

Sur ce, elle m'adressa un sourire plein de hardiesse.

– Attendez donc un peu, et vous verrez, continua-t-elle en me faisant un clin d'œil. Avec un vieux mari qui s'endort aussitôt son souper terminé, on est libre de s'amuser à sa guise. À la cour, il ne manque pas de beaux jeunes gens, plus empressés les uns que les autres à vous faire plaisir, à vous apporter un verre de vin, à placer un coussin sous vos pieds, ou encore à porter votre anneau quand ils participent à un tournoi. Aussi, voyez-vous, ma chère petite Isabelle, si vous épousez mon frère, tout s'arrangera pour vous à merveille, et vous mènerez joyeuse vie à la cour de Lisbonne.

Après quoi – je suis heureuse de le mentionner –, la scandaleuse Juana me laissa seule avec mes pensées. S'il a jamais existé une personne coupable de luxure, c'est certainement la reine.

Ségovie, le 26 mars 1466

Clara est, certes, une fidèle gouvernante, mais c'est aussi une commère éhontée. Hier, je l'ai surprise à parler avec un petit groupe de dames du château de *La Bertraneja*. Il s'agissait de la petite princesse Juana. J'ai feint de ne pas écouter.

Le bruit court que le roi Enrique n'est pas le père de la princesse Juana. On chuchote que son véritable père est le conseiller et l'ami le plus proche d'Enrique, Beltrán de la Cueva. Voilà pourquoi d'aucuns se sont mis à l'appeler *La Beltraneja*, autrement dit la fille de Beltrán.

J'ai examiné attentivement la petite princesse quand, assise auprès de moi, elle est occupée à broder au point de croix sur un morceau de lin quelque petit oiseau et que rien ne paraît pouvoir la distraire de son ouvrage. Je dois avouer qu'elle ressemble beaucoup à sa mère, notamment dans la manière impertinente et coquette qu'elle a de rouler les yeux et de pencher la tête de côté. Mais il semblerait aussi qu'elle possède certains traits du beau Cueva. Quelle histoire ! Rien que d'y penser, cela me rend malade.

Mais en y songeant, voilà ce qui me vient à l'esprit : si la petite Juana n'est pas la véritable fille d'Enrique, alors elle n'est pas née d'une union légitime. Et si elle est née hors mariage, elle ne saurait hériter du trône. C'est aussi simple que cela. Sa mère, la reine Juana, a beau intriguer et comploter à l'envi, la petite princesse ne régnera jamais sur la Castille. La couronne devra impérativement aller à mon frère Alfonso, véritable fils du roi de Castille.

Quoi qu'il en soit, Clara aurait mieux fait de tenir sa langue.

Ségovie, le 4 avril 1466, Vendredi saint

*M*oi qui ne suis pas sans péché, je ne jetterai pas la première pierre.

Moi qui ne suis pas sans péché, je ne jetterai pas la première pierre.

Moi qui ne suis pas sans péché, je ne jetterai pas la première pierre.

Je pourrais recopier à l'infini cette phrase et en remplir un cahier tout entier, tant je suis pénétrée de sa véracité.

Un peu avant l'aube, Catalina et mes autres dames d'honneur m'ont accompagnée au couvent pour la messe. Peut-être parce que j'étais émue par le chant des religieuses dans leur propre chapelle, j'ai reconnu plus volontiers ma culpabilité. J'ai commis encore plus de péchés que je ne l'ai avoué jusque-là, des péchés graves sinon mortels. J'ai écouté de vilaines rumeurs à propos de la reine et de son innocente petite fille. Et j'ai accusé les autres sans même examiner ma propre conscience.

Par conséquent, je n'attendrai pas que le père Torquemada entende ma confession et me prescrive une autre pénitence. J'ai déjà imaginé ma propre punition. Le jour de la grande fête de Pâques, je ne mangerai que des lentilles.

Ségovie, le 5 avril 1466,
Samedi saint

Les préparatifs pour la grande fête de Pâques ont commencé sous l'énergique direction de la reine Juana.

Serviteurs et servantes ont éparpillé des joncs frais sur les dalles de pierre du grand hall avant de les asperger d'épices et d'herbes odorantes. Puis ils ont déployé des nappes de lin d'un blanc étincelant sur de longs tréteaux de bois avant d'y disposer les assiettes et les gobelets d'argent les plus beaux du château. Enfin, ils ont préparé les feux et chargé les broches de pièces de venaison, entre autres du sanglier. Depuis le point du jour, les marmitons tournent ces broches sans trêve, tandis que la viande rôtit sur les braises.

Le roi Enrique est attendu d'un instant à l'autre. Il doit arriver de Madrid avec ses courtisans. Il y aura beaucoup d'autres invités, notamment mon protecteur, l'archevêque Carrillo.

Avec sa haute silhouette, ses traits lourds, sa voix retentissante, l'archevêque me fait penser à un taureau. Du reste, nous l'appelons en secret *El Toro*. Bien qu'il ait un aspect plutôt effrayant, je ressens une vive affection pour lui. Quand Alfonso et moi vivions tous deux à la cour d'Enrique, à Madrid, Carrillo a joué le rôle d'affectueux conseiller auprès de mon frère et moi. Il nous a aussi appris à jouer aux échecs (j'étais meilleure joueuse qu'Alfonso qui se mettait toujours à pleurer quand je gagnais).

J'aurais aimé qu'Alfonso puisse nous rejoindre, mais, bien entendu, il ne viendra pas. Même s'il était invité, il n'en ferait rien ; il craindrait trop de trouver au fond de sa coupe le poison de la reine Juana.

Ségovie, le 6 avril 1466, dimanche de Pâques

Alleluia, le Christ est ressuscité ! En vérité, il est ressuscité !

Comme je m'y attendais, ce fut un banquet somptueux.

Pour commencer, la reine Juana a fait une entrée majestueuse dans une robe de satin écarlate bordée de martre dont la traîne balayait le sol, et une mante dont l'extravagant col rabattu lui descendait jusqu'au milieu du dos. Sa chevelure haut relevée était emprisonnée dans une résille bordée de lys en satin blanc brodés d'argent. Elle portait des pendants d'oreilles en or, et à ses bras, cliquetaient une multitude de bracelets chargés de pierreries. Enfin, sans doute pour montrer sa piété, elle tenait à la main un chapelet aux grains d'or et de nacre !

Les atours de la petite princesse, robe de velours rouge ornée de dentelle et de feuilles d'or, étaient presque aussi somptueux. Et qu'en était-il de mon frère Enrique ? Eh bien, c'est vêtu de son éternelle cape noire toute poussiéreuse, et sans avoir pris la peine de prendre un bain ni même de peigner ses cheveux en broussaille qu'il s'est dirigé droit vers la table du banquet. Il s'est avéré qu'il revenait tout juste d'El Bazaín, la réserve de bêtes sauvages qu'il a créée et où il aime à vagabonder. Il y abrite, entre autres créatures, toute une collection d'ours, d'ocelots et de léopards, sans parler d'une chèvre de montagne qu'il affectionne comme un animal de compagnie. Le roi Enrique lui-même ressemble tout à fait à un lion, mais à un vieux lion hirsute plutôt qu'au roi des animaux de la fable. Ai-je déjà parlé de son chapeau noir à large bord, qu'il n'enlève jamais ? Peut-être dort-il avec...

L'archevêque Carrillo, resplendissant dans sa robe de pourpre et ses joyaux, était accompagné de son neveu, Juan Pacheco, un intrigant. C'est un petit homme très mince à la voix chevrotante et aux manières insidieuses qui ne m'inspire aucune confiance. Je l'ai surnommé *El Zorro*, « le Renard ».

Le festin a commencé avec le ballet des rôtisseurs découpant, à même les broches, la viande juteuse à souhait et des serviteurs les apportant aux invités. L'apogée de ce ballet fut la présentation, sur un plateau d'or massif, d'un paon rôti entièrement reconstitué, y compris la queue dont les plumes avaient été déployées en éventail. Une collerette d'étoffe dorée sur laquelle on avait peint les armes du roi ornait son cou.

Et moi, vêtue d'une robe jaune de tous les jours, j'étais assise devant mon bol de lentilles au milieu de toute cette surabondance.

Mon menu de pénitence n'a pas échappé à l'archevêque Carrillo.

– Des lentilles, doña Isabelle ? a-t-il tonné en observant mon piètre repas. Des lentilles en ce grand jour de fête ?

« Si j'en parle, la valeur de ma pénitence en sera-t-elle diminuée pour autant ? » me suis-je alors demandé. Mais, après réflexion, je me suis résolue à expliquer à l'archevêque l'objet de ce jeûne. N'est-il pas un prêtre et un homme de Dieu, même si je doute fort qu'il porte un cilice ou dorme sur une simple planche ?

– Je suis une pécheresse, monseigneur, ai-je dit. C'est ma pénitence.

– Mais nous sommes tous pécheurs, ma fille, a-t-il répliqué d'un ton cordial. Et les pécheurs eux-mêmes se doivent de fêter le jour de la Résurrection de Notre Seigneur.

J'ai donc repoussé le bol de lentilles que je remuais sans conviction depuis un moment pour accepter une assiette de gibier et de riz au safran, ainsi qu'un dessert de grenade et de gâteau aux amandes, que j'ai pris un vif plaisir à manger.

Demain, je méditerai à nouveau sur mes péchés – auxquels il faudra ajouter celui de gourmandise sinon de gloutonnerie – et au meilleur moyen de les réparer.

Ségovie, le 7 avril 1466

Maintenant que le carême est terminé, je puis recommencer à jouer du cistre. Faire de la musique étant formellement interdit pendant les quarante jours de carême, mes doigts sont gauches, comme engourdis, et mon instrument désaccordé. Mais bientôt, à force de patience, je parviendrai à nouveau à en tirer une douce mélodie. En bois de rose incrusté d'ivoire et d'or, ce cistre a appartenu autrefois à ma mère. Elle me l'a donné la dernière fois que nous nous sommes vues. Je me souviens qu'elle en jouait merveilleusement pour le plus grand bonheur d'Alfonso et moi.

Ségovie, le 8 avril 1466

Deux semaines se sont écoulées depuis ma conversation avec la reine Juana à propos de mon « joli mariage à la belle saison ». J'attends dans un état d'extrême angoisse la nouvelle de mes fiançailles. Les *grandes* ont-ils donné leur consentement ? Ou est-il encore possible que j'échappe à ce funeste sort ?

Je n'ignore pas que bien souvent, la future épousée ne pose pas les yeux sur son futur époux avant le jour de son mariage. Ma mère n'avait jamais vu mon père avant leurs noces. En effet, la cérémonie des fiançailles avait eu lieu par l'entremise d'ambassadeurs représentant respectivement le futur marié et la future mariée. Ma mère était à peine plus âgée que moi lorsqu'elle fit ses adieux à ses parents et quitta son Portugal natal avec sa suite pour se rendre en Castille et y épouser mon père. Et, comme la reine Juana a eu le front de me le faire remarquer, il était effectivement beaucoup plus âgé qu'elle.

Et pourtant, elle a fini par l'aimer d'amour. Depuis sa mort, elle n'a pas cessé de le pleurer. Je ne crois certes pas, et rien ne me le fera croire un seul instant, qu'à l'instar de la reine Juana, ma mère, elle aussi épouse d'un vieux roi, ait jamais songé à mener « joyeuse vie ».

– C'est le devoir d'une femme d'épouser l'homme qu'on a choisi pour elle, m'a rappelé Clara. D'autres personnes que vous décident de votre destin, doña Isabelle. Si vous avez de la chance, vous aurez un mari attentionné, et vous apprendrez petit à petit à ressentir de l'affection pour lui.

– Mais alors l'amour, Clara, qu'en est-il de l'amour ? lui ai-je demandé, car j'avais lu des textes qui parlaient de ces choses.

– Le respect est plus important, s'est-elle bornée à répondre.

Et, serrant les lèvres, elle a approché ses yeux de myope de son ouvrage pour s'y absorber.

Ségovie, le 9 avril 1466

Ah, si seulement, à l'instar de ma mère, je n'avais jamais vu l'homme que l'on m'a choisi pour époux ! Si tel était le cas, je pourrais au moins rêver. Le malheur est que je l'ai vu, de mes yeux vu, il y a deux ans, lorsque je me suis rendue au Portugal avec Enrique et la reine Juana. Dès le premier instant, je n'ai pu le souffrir : le nez en bec d'aigle, le menton fuyant, les yeux pâles trop rapprochés. *El Escorpión* semble être aussi lubrique et aussi cupide que sa sœur. L'amour ne naîtra jamais entre nous, j'en suis certaine. Le respect non plus.

Toutefois, j'ai vraiment beaucoup aimé son pays quand nous l'avons visité. Peut-être parce que ma mère est portugaise et que la langue m'en est familière. Peut-être aussi parce que le Portugal se trouve près de l'océan.

Un soir, je restai au bord de l'eau à contempler le coucher du soleil. La mer immense s'étendait loin, très loin, bien au-delà des limites de mon imagination. Des vagues écumeuses se brisaient sur la grève, et la couleur de l'eau avait l'air de virer du bleu au vert, puis du vert au gris. À mesure que le soleil sombrait, l'océan lui-même semblait s'enfoncer dans le néant.

Plus tard, quand je parlai de mon amour de la mer, *El Escorpión* me fit cadeau d'un bateau miniature en bois, avec des voiles de lin. C'est, paraît-il, une réplique du vaisseau dans lequel son oncle, le navigateur Dom

Henrique, explora jadis la côte de l'Afrique pour en rapporter de l'or et des esclaves.

– On dit qu'il existe des terres inconnues au-delà des mers où aucun navire ne s'est encore aventuré, dit *El Escorpión*. Ces terres seraient habitées par des gens qui ne ressemblent en rien à ceux que nous connaissons.

J'aime à imaginer qu'il en est ainsi, et je chéris ce présent autant que j'abhorre le donateur.

Ségovie, le 10 avril 1466

C'est toujours le silence. Un silence qui ne présage rien de bon. Je fêterai l'anniversaire de ma naissance dans moins de deux semaines. D'ici là, je connaîtrai sûrement le destin qui m'attend.

Pour l'instant, je suis entourée de mes dames d'honneur qui agitent leurs éventails en pépiant comme des oiseaux. Elles sont très occupées à tenter de prédire leurs avenirs respectifs, ce qui ne se peut traduire à leurs yeux qu'en termes d'époux, d'enfants et de châteaux personnels.

María possède un livre de présages. Un cordonnet dépasse de chacune des pages. Tour à tour, les dames tirent au hasard sur l'un de ces cordonnets, et le livre s'ouvre sur une page où elles peuvent lire leur avenir en toutes lettres. Mencia est en train de bouder, car le sort prédit par le livre lui déplaît. Jimena, pour sa part, assure qu'il est préférable de projeter avec une plume des gouttelettes d'encre et d'interpréter leur signification. Quant à Elvira, elle méprise tous ces enfantillages. Pour une fois, je suis d'accord avec elle. J'ai toutefois pris part au jeu et appris à cette occasion que je mettrais au monde cinq enfants. Mais pas la moindre allusion à l'identité du père éventuel.

Ségovie, le 11 avril 1466

De temps à autre, Catalina et moi faussons compagnie à nos amies pour aller nous glisser dans la bibliothèque du palais et passer une heure paisible avec les livres que le père Torquemada nous permet de lire. Aujourd'hui, le hasard a voulu que nous examinions une carte sur laquelle figuraient non seulement toutes les villes, petites ou grandes, du royaume de Castille mais aussi les autres royaumes, ainsi que les principautés environnantes.

Catalina a une manière peu commune de voir les choses.

– Située à l'extrémité du bras de l'Europe, la péninsule Ibérique, a-t-elle commenté, ressemble à un poing brandi en direction de l'ouest. Et la plus grande partie de ce poing qui s'enfonce dans l'Océan des Mers, c'est le royaume de Castille et de León.

Au nord-est s'étend le royaume d'Aragón qui partage sa frontière nord avec la France, et dont le long littoral tourné vers l'est est baigné par la mer Méditerranée.

Au sud se trouve Grenade, fief des Maures, les musulmans venus des rivages nord de l'Afrique. Voilà plus de sept cent cinquante ans qu'ils ont ravi la cité aux chrétiens de notre peuple. C'est le devoir le plus sacré d'Enrique de bouter ces infidèles hors de Grenade et de reconquérir la ville.

Enfin, à l'ouest, le Portugal. J'ai suivi du doigt les contours du royaume qui, à moins que Dieu n'intervienne, deviendra mon pays lorsque je serai l'épouse d'*El Escorpión*.

J'ai imploré Catalina de m'accompagner s'il faut vraiment que je parte pour le Portugal, mais elle a secoué vigoureusement la tête en signe de dénégation et répété avec insistance qu'elle se destinait au couvent.

Ségovie, le 12 avril 1466

Ce matin, après la messe, j'ai gravi les étroites marches de pierre en colimaçon conduisant à l'une des tourelles les plus élevées du château, d'où l'on a une vue exceptionnelle. Je monte souvent jusqu'ici pour contempler le paysage qui s'étend au-delà de ma prison dorée. La ville de Ségovie est enserrée entre quatre épaisses murailles, chacune percée d'un portail de bois massif.

L'aqueduc construit par les Romains voilà plus de mille ans se profile à l'horizon.

Très loin, en contrebas du château, l'Eresma court à travers une gorge étroite. Sur l'autre rive du fleuve, de paisibles troupeaux de moutons semblent couler, eux aussi, telles des rivières. Les moutons bêlent, et leurs clochettes tintent (je le sais, bien que je ne puisse point les entendre). Dans les champs de blé, par-delà les murailles, de petites pousses vertes commencent à sortir de terre. Ah, si seulement je pouvais être *là-bas* plutôt qu'ici !

En redescendant de mon observatoire, j'ai cru entendre de la musique en provenance de ma chambre, et bientôt, j'ai effectivement surpris Ana à pincer les cordes de mon cistre ! Quel scandale ! Une servante jouant du cistre, et qui plus est, de mon cistre ! J'ai été prise d'une grande colère. Ana a éclaté en sanglots avant de se jeter à genoux en implorant mon pardon, que je lui ai accordé. Après l'avoir congédiée, je me suis mise à jouer un air mélancolique en songeant à ma mère.

Ségovie, le 13 avril 1466

Les couturières royales, envoyées par la reine Juana, se sont présentées dans mes appartements. Il est question de me faire plusieurs nouvelles robes, ainsi que des mantes, des surcots et des jupons neufs, que j'emporterai à mes noces. Elles semblent saisies d'une crainte fébrile à l'idée que tout ne soit pas prêt « à temps ». Elles ne précisent pas pour quelle raison il est impératif que tout soit prêt « à temps », mais ce n'est pas bien difficile à deviner.

La reine Juana tient absolument à ce que mes seins soient remontés pour faire illusion en quelque sorte, et ma taille étroitement lacée – au point que je puis à peine respirer – pour paraître plus fine encore. En ce qui me concerne, j'exige que l'encolure de mes robes soit au ras du menton. À dire vrai, je préférerais – ô, combien ! – me présenter à *El Escorpión* attifée d'un sac à blé.

Ségovie, le 14 avril 1466

Je ne puis croire que Dieu ait choisi de me châtier d'une manière aussi cruelle. Je sais que je suis mauvaise. J'avoue même que je suis coupable de la plupart des péchés capitaux. Mais je ne mérite certainement pas le sort qui m'échoit ou plutôt va m'échoir sous peu.

Le premier signe avant-coureur de la catastrophe en question fut l'arrivée inattendue de Beltrán de la Cueva. Tout d'abord, je m'étonnai fort de l'apparition à Ségovie du conseiller préféré de mon frère. Seule une visite à la reine Juana aurait pu, à mon sens, expliquer pareille apparition, mais elle n'eût pas manqué de susciter des commérages non seulement chez mes dames d'honneur mais aussi chez tous les gens du château.

En réalité, comme je l'appris bientôt, c'était *moi* que Cueva était venu voir. Je le reçus dans la plus grande pièce de mes appartements, en présence de Clara et de Catalina (je soupçonne Ana d'avoir traîné dans les parages pendant toute la durée de l'entrevue). Comme à l'accoutumée, Beltrán de la Cueva était vêtu de velours et de fourrures, et portait à chacun de ses doigts un anneau orné de pierreries. Il se découvrit et s'inclina en promenant d'un geste large son chapeau à plumes devant moi avant de me tendre une lettre du roi Enrique.

« Au sujet d'*El Escorpión* », pensai-je. Et, rompant le cachet de cire, j'ouvris la lettre, non sans noter que Cueva, très élégamment botté, ne cessait de se déplacer d'un pied sur l'autre et de lisser sa moustache soyeuse et parfumée. Je me préparai à apprendre que la date des fiançailles avait été fixée.

La missive était brève. Le roi Enrique n'ennuie jamais ses destinataires avec des civilités creuses ; il va toujours droit au but. Je lus : « Vous n'épouserez pas le roi Afonso de Portugal. »

Je n'épouserai donc pas *El Escorpión* en fin de compte ! Quelle merveilleuse nouvelle !

Mes yeux tombèrent alors sur la ligne suivante : « Je veux que vous épousiez Pedro Girón. »

Je sentis aussitôt mes forces m'abandonner.

– Pedro Girón ! m'exclamai-je avec un petit cri étouffé. Ce n'est pas possible !

Et je tombai sans connaissance sur le sol. Clara et Catalina se précipitèrent à mon chevet. Quand j'ouvris à nouveau les yeux, ce fut pour voir que Clara avait ramassé la lettre tombée de ma main et la lisait. Cueva, assuré que je n'étais pas morte, coiffa son chapeau et s'en fut, les plumes de son couvre-chef ondoyant derrière lui. Clara se mit à pleurer.

– Votre frère nous ordonne de partir immédiatement pour Madrid, expliqua-t-elle entre deux sanglots. Le mariage doit être célébré dans une semaine.

– Mais pourquoi ? m'écriai-je. Pourquoi Girón ?

Clara haussa les épaules dans un geste d'impuissance.

– Le roi en a décidé ainsi, répondit-elle.

– Mais il doit d'abord aller trouver les *grandes* et obtenir leur consentement, protestai-je, me cramponnant au moindre lambeau d'espoir. J'irai plaider ma propre cause auprès d'eux. Nul doute qu'ils me soutiendront.

– Trop tard, trop tard ! répliqua Clara, tandis que les larmes ruisselaient le long de ses joues. Les *grandes* ont déjà donné leur consentement. C'est écrit là, dans la lettre.

Je m'emparai de la lettre et la lus cette fois d'un bout à l'autre. Girón est le frère de Juan Pacheco – c'est *El Zorro* en personne qui a proposé ce mariage ! Et personne ne s'y est opposé, même mon fidèle ami, l'archevêque Carrillo.

Je suis prise au piège. Il n'y a aucune issue.

Ségovie, le 15 avril 1466

J'ai envoyé un message à Beatríz, la suppliant de venir immédiatement à mon secours. Elle est sage et pleine d'expérience. Elle saura me conseiller.

En attendant Beatríz, je prie. Voilà des heures que je suis agenouillée dans la chapelle à implorer la pitié de Dieu. Catalina est à mon côté. Mais Dieu entend-Il nos prières ?

Je regrette à présent de ne pas avoir accepté tout de suite d'épouser *El Escorpión*. J'aurais dû dire à la reine Juana que j'étais heureuse d'être liée par un engagement à son frère. Certes, *El Escorpión* a trente-trois ans, et il est hideux, mais comparé à Pedro Girón, il apparaît presque comme un époux désirable. Girón est beaucoup plus vieux qu'*El Escorpión* : il a quarante-trois ans ! Il est encore plus laid, encore plus cruel, encore plus dépravé, et il a l'haleine encore plus fétide. Mon frère n'a-t-il donc aucun souci de moi pour m'imposer pareil misérable comme époux ?

J'ai fait un vœu à Santa Engracia vers qui je me tourne toujours dans les périodes de grandes difficultés. Je l'ai priée de m'aider à échapper à cette abominable union et lui ai promis en échange d'effectuer un pèlerinage dans le sanctuaire qui lui est consacré à Saragosse, en Aragón.

Engracia fut martyrisée par les Romains au IVe siècle. Selon Catalina, c'était une princesse portugaise. En route pour la France où elle devait se marier, elle ne faisait que traverser le royaume d'Aragón. Reste que, scandalisée par le culte des idoles dont elle avait été témoin dans la ville de Saragosse, elle le dénonça publiquement. Voilà pourquoi les Romains la mirent à mort en lui transperçant la tête d'une pique.

Le crâne d'Engracia où l'on peut voir le trou laissé par la pique est une précieuse relique conservée dans le couvent bénédictin de Saragosse. Je me traînerai à genoux jusqu'à son sanctuaire si seulement elle consent à me venir en aide. Catalina s'est engagée à m'accompagner.

Ségovie, le 16 avril 1466

*L*a reine Juana est folle de rage. Elle est furieuse contre Enrique – plus encore que moi. Tous ses projets pour mon « joli mariage à la belle saison » avec son frère se sont effondrés ! Ce matin, elle n'en est pas moins venue m'offrir une de ses robes pour mon mariage avec Girón. Les robes que ses couturières ont commencé à coudre avec tant de soin ne pourront être finies à temps.

– Ce brocart bleu mettra en valeur vos yeux et votre teint clair, a-t-elle commenté, tandis que l'une de ses servantes l'approchait de mon visage.

– Je préférerais porter un linceul ! ai-je rétorqué.

Elle m'a alors rappelé, une nouvelle fois, que j'étais une fille ingrate.

Ségovie, le 17 avril 1466

Beatríz est arrivée. Elle m'a expliqué pourquoi Enrique m'impose ce mariage abominable. C'est pour rétablir la paix dans le royaume.

Une partie des *grandes* soutiennent mon frère, le roi Enrique, les autres, mon jeune frère Alfonso qu'ils considèrent comme leur véritable roi. En conséquence, le pays, déchiré par ces luttes intestines, est sens dessus dessous. Le crime augmente. Le danger rôde partout. Nul n'est en sécurité. Le paysan ne peut plus travailler tranquillement aux champs, et le marchand craint d'aller vendre ses articles dans les villages.

– Enrique, a dit Beatríz, a besoin d'hommes et d'argent pour obliger les *grandes* à cesser de se battre. Pedro Girón s'est engagé à lui fournir trois mille lanciers à cheval et soixante mille pièces d'or. Mais à la seule condition que le roi lui donne en mariage sa propre sœur : vous.

– Et mon frère a consenti à ce marché ? ai-je gémi.

Beatríz a hoché la tête. Je me suis jetée dans ses bras en sanglotant.

– Que faire ?

– N'ayez crainte, m'a répondu Beatríz à voix basse, j'ai un plan. Écoutez-moi.

Sur ce, elle a entrouvert sa mante pour me montrer un poignard d'argent dissimulé dans un repli de l'étoffe.

– Dieu ne permettra pas cette union contre nature, a-t-elle sifflé. Et je ne le permettrai pas non plus !

– Mais comment ? Que projetez-vous donc de faire ? ai-je demandé en frissonnant.

– Quand Girón s'approchera de vous, alors je plongerai ce poignard...

– Non, Beatríz, non ! me suis-je écriée sans la laisser terminer sa phrase.

J'étais abasourdie. Comment pouvait-elle envisager une chose pareille ? Je ne lui permettrai certes pas de supprimer la vie d'un autre ni de risquer sa propre vie et le salut de son âme pour me sauver, moi.

– Vous n'aurez pas besoin d'en arriver à une telle extrémité, ai-je dit en l'étreignant. J'ai fait un vœu à Santa Engracia. Elle nous viendra en aide.

J'ai écrit à Enrique, lui promettant d'être à l'avenir la plus obéissante des sœurs, si seulement il m'épargnait à présent.

Madrid, le 18 avril 1466

Nous avons atteint le palais royal de Madrid en fin d'après-midi. Je suis accompagnée par la fidèle Clara, la fougueuse Beatríz, laquelle demeure fermement résolue à se servir de son poignard pour me défendre, la pieuse Catalina qui prie jour et nuit Santa Engracia, et enfin, mes autres dames d'honneur. Blanca babille avec animation, et María est aux anges à la seule idée d'avoir enfin l'occasion de porter une de ses nouvelles robes ! Ana est là, elle aussi. Elle n'est encore jamais allée à Madrid et ouvre de grands yeux émerveillés. Quant à moi, je suis malade de chagrin.

J'espère trouver un moment propice pour parler à mon frère et plaider ma cause auprès de lui, mais autant que je sache, il n'a toujours pas accusé réception de ma lettre et refuse de me voir.

Peu après le coucher du soleil, un messager est arrivé au palais au grand galop. Il venait de Tolède où Girón et son armée passent la nuit. Ils seront ici demain.

Il me reste moins de vingt-quatre heures.

– Je vous en prie, doña Isabelle, ne vous inquiétez pas ainsi, répète sans cesse Beatríz, les yeux brillants de détermination.

Mais je ne puis m'empêcher de songer au poignard glissé dans un repli de sa mante et au danger qu'elle court, et je m'inquiète plus que jamais. Catalina, qui a mis toute sa confiance en Santa Engracia, est calme. Clara, elle, se tord les mains. Elle me demande instamment de manger ne serait-ce qu'un peu, mais j'ai fait le vœu de ne pas absorber la moindre bouchée avant d'être délivrée de ce sort funeste.

Madrid, le 19 avril 1466

*P*as de nouvelles d'Enrique. Mais Girón, lui non plus, ne donne aucune nouvelle. Mon estomac vide gronde. Je prie, prie, prie.

Madrid, le 20 avril 1466

*U*ne journée entière s'est écoulée, et toujours aucun signe de Girón. Faute de nourriture, je suis faible et prise de vertiges. De ma chambre qui surplombe la cour, j'entends le fracas des carrioles de livraison et les voix joyeuses des cuisiniers occupés à préparer mon festin de noce. Je voudrais leur crier : « À quoi bon vous fatiguer ? La future épousée ne sera plus en vie pour seulement y toucher. »

Mais où est donc passé Girón ?

Clara ne me quitte pas et fait tout ce qui est en son pouvoir pour me réconforter. Catalina continue à prier sans trêve. Mais Beatríz ne tient pas en place. Voilà une heure, elle est partie s'enquérir de l'endroit où Girón se trouve. Elle est revenue avec un autre messager, un jeune homme manifestement terrifié qui avait une bien étrange histoire à raconter :

Hier, en quittant la ville de Tolède, Girón et ses *caballeros* virent une volée de cigognes tournoyer au-dessus de leurs têtes. Il y avait tant d'oiseaux que le ciel en était tout obscurci !

Les cigognes semblaient voler vers le nord, autrement dit dans la direction que Girón et ses hommes avaient prise. Mais lorsqu'un soldat fit remarquer ce détail à l'un des capitaines, l'officier lui ordonna de garder le silence.

Chacun croyait que les cigognes étaient un mauvais présage, un porte-malheur. Les hommes étaient effrayés et nombre d'entre eux voulaient rebrousser chemin. Girón, quant à lui, était décidé à poursuivre son voyage coûte que coûte. Toutefois, il envoya un messager (le jeune homme terrifié) en avant-coureur pour informer le roi Enrique de l'étrange incident.

– Il a annoncé mon trépas, ai-je conclu en pleurant lorsque Beatríz a eu congédié le messager après l'avoir remercié.

– Non, doña Isabelle, non, a-t-elle insisté. Pas le vôtre.

Madrid, le 21 avril 1466

Girón est mort !

Sous la violence du choc, je suis restée sans voix, mais j'ai vu briller les yeux de Beatríz quand un troisième messager est venu apporter la nouvelle : quelques heures après le sinistre présage inscrit dans le ciel par les cigognes, Pedro Girón a été atteint d'une amygdalite purulente qui l'a terriblement fait souffrir. Il est mort ce matin. À présent, il a cessé de souffrir, et moi aussi !

Nous nous apprêtons à rentrer à Ségovie. Je m'attends à trouver là-bas un autre message d'*El León* concernant mes nouvelles fiançailles avec *El Escorpión*. La reine Juana va sans nul doute s'activer à nouveau aux préparatifs d'un « joli mariage à la belle saison », et ses couturières reprendre la confection de mes robes inachevées. Blanca peut bien glousser tant et plus, Jimena se gaver de sucreries et Elvira se vanter autant qu'elle le veut, pour le moment – au moins pour le moment – *je suis sauvée !*

Madrid, le 22 avril 1466

Aujourd'hui, mon quinzième anniversaire a été marqué par une messe spéciale et une bénédiction du père Torquemada. Mais rien ne semble avoir été prévu pour fêter ce jour. Le roi Enrique est absent, et je n'ai pas reçu le moindre signe de lui. À dire vrai, je suis toujours sous le choc de la mort de Pedro Girón. Je me demande bien ce que l'avenir me réserve, mais n'ai nullement l'intention de chercher une réponse à cette question dans le livre de prédictions de María.

Une rumeur confuse se répand au château et par toute la ville. Girón ne serait pas mort de la redoutable maladie envoyée par Dieu ; il se peut qu'il ait été empoisonné. Mais par qui ? Un homme de sa réputation a beaucoup d'ennemis. Si le bruit qui court est vrai, alors c'est Dieu en personne qui a dû guider la main de l'empoisonneur.

Ségovie, le 23 avril 1466

Le seul aspect positif de mon voyage à Madrid, c'est que j'ai pu enfin quitter Ségovie, ne serait-ce que pour quelques jours. Et ce, pour la première fois depuis plus d'un an !

Le jour de notre départ pour Madrid, le temps était clair, mais j'avais le cœur si troublé que je ne pris aucun plaisir au trajet. Aujourd'hui que nous reprenons le chemin de Ségovie, je suis en humeur de m'amuser, mais le temps s'est gâté. Eh bien, malgré les intempéries, une fois les montagnes franchies et à nouveau en terrain plat, j'ai rejeté le capuchon de ma mante. J'avais envie de sentir le vent et la pluie sur mon visage. Clara me désapprouvait, je le sais, toutefois elle n'a fait aucun commentaire. Lorsque nous avons atteint le château, j'étais trempée jusqu'aux os.

Ségovie, le 24 avril 1466

J'ai confessé au père Torquemada la joie inconvenante que j'avais éprouvée à la mort soudaine de Pedro Girón. Il m'a sermonnée au sujet de mon orgueil (encore !) et m'a demandé si je faisais toujours bon usage du cahier qu'il m'a donné pour consigner mes péchés. Je lui ai répondu que je le remplissais fidèlement sans préciser toutefois que mes méditations portent sur bien d'autres sujets que le péché.

La pénitence qu'il m'a infligée n'est pas bien sévère : uniquement des prières. Je soupçonne le père Torquemada d'être aussi soulagé que moi par l'issue négative de mes quasi-fiançailles.

Ségovie, le 25 avril 1466

Notre existence au château a repris son cours habituel : je me lève à l'aube pour dire mes prières du matin, m'habille, puis assiste à la messe dans la chapelle, avant d'aller rejoindre mes dames d'honneur pour une séance de travaux d'aiguille et de bavardages. Je me replie ensuite dans mes appartements jusqu'à l'heure du dîner pour lire la Bible et m'exercer au cistre, et après le repas, quand le temps s'y prête – ce qui n'est pas le cas aujourd'hui –, je vais me promener à travers le domaine.

Si la princesse Juana y tient absolument, je passe un moment avec elle (elle a encore beaucoup de progrès à faire en ce qui concerne les travaux d'aiguille) avant d'écrire dans mon cahier. Enfin, je soupe avec mes dames d'honneur, récite mes prières du soir et me retire pour la nuit. Ainsi la vie s'écoule-t-elle, jour après jour, jusqu'à ce qu'un visiteur, telle ma chère Beatríz, vienne rompre la routine quotidienne.

Beatríz est partie aujourd'hui (avec son poignard !) pour Arévalo. Je l'ai chargée de transmettre à ma mère mon souvenir le plus affectueux. Si seulement je pouvais lui dire moi-même de vive voix combien elle m'est chère ! Je n'ai pas vu la « reine veuve » depuis plus d'un an et je ne cesse de m'inquiéter à son sujet.

Après le départ de Beatríz, Clara m'a confié un secret :
– Voilà bien des années, peu de temps après la mort de votre père, la « reine veuve » reçut un visiteur inattendu : Juan Girón. Elle venait à peine de prendre le deuil, le temps n'avait pas encore émoussé son chagrin, mais cela n'avait empêché en rien l'impudent de venir lui proposer le mariage. C'est en pleurant qu'elle m'a rapporté cette conversation.
– Naturellement, ai-je dit, elle a refusé sa proposition.
– Naturellement. Mais elle s'est sentie comme offensée par cette proposition. Pour ma part, poursuivit Clara, je crois que le triste état dans lequel se trouve actuellement votre mère a pour origine l'affront de Pedro Girón.

Je m'interroge depuis longtemps sur les circonstances qui ont provoqué la folie de ma mère. Je la chéris profondément, de tout mon cœur, de toute mon âme et de toutes mes forces. Je n'en ignore pas moins que quelque chose est gravement déréglé chez elle.

Même lorsque j'étais enfant, et que mon frère Alfonso était encore trop jeune pour remarquer quoi que ce soit, notre mère pouvait rester assise des heures, les yeux perdus dans le vague. Si je lui parlais, elle ne m'entendait pas, et si mon petit frère lui tendait les bras, elle ne le voyait pas. Quelquefois, pendant plusieurs jours de suite, elle ne prononçait pas un seul mot. Et quand elle le faisait enfin, c'était pour s'écrier qu'Arévalo était hanté, et que la rivière qui coulait au pied du château chuchotait son nom jour et nuit. L'offense de Girón peut-elle expliquer un tel délabrement de l'esprit ?

– Girón est une brute, ai-je acquiescé pour me corriger presque aussitôt en ajoutant : ou plutôt il *était* une brute. Il n'insultera plus les femmes désormais.

Ségovie, le 26 avril 1466

J'ai très mal à la tête, et le visage rouge et enflammé. Je crois que je vais m'étendre.

Ségovie, le 27 avril 1466

Frissons et température élevée. Clara a appelé le médecin du palais. Il a diagnostiqué une fièvre maligne. Je n'ai pas la force de noter autre chose dans mon cahier.

Ségovie, le 6 mai 1466

Aujourd'hui, c'est la première fois depuis plus d'une semaine que je me sens assez bien pour écrire. Je ne me rappelle quasiment rien de ces jours sinon les frissons dont tout mon corps était agité et la fièvre qui me dévorait, suscitant d'étranges visions : j'ai à nouveau entendu Ana jouer du cistre – mon propre cistre –, et quand je lui ai crié d'arrêter immédiatement, elle m'a répondu qu'elle tentait de me guérir en faisant de la musique, comme le souhaitait précisément ma mère. Quelque temps plus tard, lorsque j'ai raconté cette histoire à Clara, elle m'a dit que je l'avais rêvée.

Le docteur Abravanel est passé chaque jour dans mes appartements pour me faire une saignée, autrement dit m'ouvrir une veine dans le bras et laisser le sang couler longuement pour en ôter les impuretés.

Maintenant que je me sens mieux, il m'a prescrit une préparation à base d'oignons blancs, de vinaigre et d'origan, ainsi qu'une tisane de bourrache et de laiteron. Elle est tellement amère qu'il est presque impossible de l'avaler, mais Clara y veille. Elle impute ma maladie à mon voyage sous la pluie, mais elle a la gentillesse de ne pas me sermonner pour mon manque de bon sens.

Catalina ne quitte pas mon chevet. Heure après heure, elle reste assise là, à broder sa bannière. Elle a presque terminé l'Agneau et va bientôt commencer de travailler à sa couronne dorée où elle compte incruster de véritables perles.

Nous avons parlé de notre projet de pèlerinage à Saragosse. Nous pensons partir dès que je serai rétablie et que j'aurai retrouvé des forces, si du moins Enrique consent à nous permettre de quitter Ségovie. La route est longue jusqu'à Saragosse, dans le royaume d'Aragón. Peut-être même faut-il compter sept à huit jours de voyage dans une litière transportée à dos de mule. Je suis extrêmement curieuse de voir le crâne perforé par la pique des Romains de Santa Engracia.

Ségovie, le 9 mai 1466

Bien que je sois encore très faible, le docteur Abravanel m'a déclarée rétablie.

Comme la plupart des médecins, il est juif. Les juifs semblent vraiment avoir des dispositions particulières pour l'art de guérir. Est-ce leur religion qui, d'une façon ou d'une autre, favorise ces dispositions ? Je me demande aussi pourquoi la famille du docteur Abravanel ne s'est pas convertie, il y a des générations comme celle de Catalina. J'ai posé la question à mon amie :

– Pourquoi le docteur Abravanel tient-il absolument à rester juif, à vivre dans son *aljama* et à porter une marque de disgrâce ? Pourquoi ne se convertissent-ils tous pas ? Je suis surprise qu'il demeure encore un seul juif en Castille, quand il est si facile d'être chrétien.

– Je n'en ai pas la moindre idée, a répondu Catalina avec un soupir. Je suppose qu'il est très important à leurs yeux de rester juifs. Ma propre famille est chrétienne depuis l'époque des grandes conversions, il y a un siècle. Après la Peste noire, mon arrière-grand-père a compris qu'il était infiniment préférable d'être chrétien, c'est pourquoi toute la famille Valera s'est convertie. Et jusqu'à ce jour, nous sommes demeurés de pieux chrétiens.

Je n'ai pas fait remarquer à Catalina que beaucoup d'anciens chrétiens se défient toujours des *conversos*, autrement dit des juifs convertis. Il y a même des gens pour s'imaginer que les marranes continuent à pratiquer en secret les prescriptions et les rites juifs. Néanmoins, je désirais soumettre un certain nombre de questions à Catalina.

– Beaucoup de juifs, ai-je commencé, auraient été massacrés pour avoir, dit-on, volé des enfants chrétiens qu'ils utilisaient dans leurs rituels. D'autres prétendent que les juifs empoisonnaient les puits et qu'ils avaient le pouvoir d'évoquer le diable. Croyez-vous ces accusations fondées ?

– Non, répondit Catalina d'un ton ferme, absolument pas.

– On dit aussi qu'ils aiment l'argent – et il est vrai que les juifs sont collecteurs d'impôts et prêteurs sur gages. Pourquoi ont-ils cette réputation ?

La tête brune de Catalina était penchée sur un coin du sabot de l'Agneau qu'elle était occupée à broder.

– Les juifs font le métier de prêteurs, a-t-elle répliqué sans lever les yeux, pour la simple raison qu'il est interdit aux chrétiens de prêter de l'argent.

Notre conversation en est restée là.

Plus tard

Je réfléchis toujours à la question juive.

Je sais que l'on a accusé les juifs d'être responsables de la propagation de la Peste noire – accusation à laquelle il est difficile de souscrire dans la mesure où les juifs aussi bien que les chrétiens mouraient de la peste. Quoi qu'il en soit, à l'époque, beaucoup d'entre eux furent condamnés à mort en châtiment de leur crime. Quant aux autres, ils n'eurent plus droit aux titres de respect tels que *don* ou *doña*. D'autres règles entrèrent aussi en vigueur : les juifs ne furent plus autorisés à porter de riches vêtements, et on les contraignit à vivre dans leurs *aljamas*, à l'écart des chrétiens. N'eût-il pas été préférable pour eux de se convertir ? Leur existence n'en eût-elle pas été facilitée d'autant ?

L'hiver dernier, dans un de ses sermons, le père Torquemada a déclaré qu'on ne pouvait se fier à la sincérité de la foi d'aucun *converso*.

– Leur sang est à jamais souillé, a-t-il tonné.

Ce dimanche-là, Catalina était assise à mon côté avec toute sa famille. Je me demande ce qu'ils ont ressenti lorsque les dures paroles de l'aumônier ont retenti dans la chapelle royale : *à jamais souillé*.

Depuis ce jour, j'ai entendu chuchoter ici et là de cruelles remarques à propos de la famille Valera. Jusque-là, j'avais toujours pensé qu'il fallait les imputer à la jalousie : le père de Catalina occupe en effet une haute position dans la société. Mais à présent, je ne puis m'empêcher de me demander de temps à autre : « Catalina est-elle une de ces *conversos* qui continuent à allumer des chandelles le vendredi soir, comme si c'était le Sabbat ? Qui récitent leurs prières en hébreu ? Se pourrait-il que ma chère Catalina, qui prie avec tant de ferveur Santa Engracia, pratique en secret la religion juive ? »

Ségovie, le 16 mai 1466

La nuit dernière, une fois tout le monde couché, je me suis munie d'une chandelle allumée et j'ai gravi l'escalier en colimaçon de la tourelle. D'une meurtrière très haut placée, j'ai contemplé les cieux, pareils à un immense bol renversé, et observé la lente danse circulaire de la lune, des étoiles et des planètes.

Il y a à peine deux jours, j'ai avoué au père Torquemada que j'étais coupable du péché d'envie : j'envie en effet mon jeune frère dont l'éducation est beaucoup plus riche que la mienne, laquelle s'est d'ailleurs interrompue très tôt (j'avais douze ans). Il reçoit une formation de *caballero*, de chevalier, alors que l'on ne m'a enseigné en tout et pour tout que la lecture, l'écriture, les chiffres, et plus d'une douzaine de points de broderie !

Mais ce n'est pas l'art de la chevalerie qui m'intéresse. C'est l'étude des étoiles et des planètes. J'ai entendu dire que les grands navigateurs se guidaient sur les étoiles pour diriger leurs navires. Imaginez-vous sur l'Océan des Mers, loin de tout rivage, et néanmoins en mesure de calculer la position du navire en examinant les cieux!

– J'aimerais acquérir ce genre de connaissances, ai-je avoué au père Torquemada.

Il m'a aussitôt adressé les plus sévères remontrances.

– Doña Isabelle, a-t-il commencé de cette voix qui semble surgir de je ne sais quelles noires profondeurs, essayez, je vous prie, de comprendre ceci : la femme est inférieure à l'homme, car Dieu l'a créée ainsi. C'est cette faiblesse constitutive qui a conduit Ève, dans le jardin d'Éden, à tenter Adam avec le fruit de l'arbre de la connaissance. À la suite du péché d'Ève, elle et Adam ont été chassés du paradis. Sa faiblesse est celle de toutes les femmes.

La faiblesse, vraiment? « De toute évidence, ai-je pensé, il ne connaît pas Beatríz de Bobadilla, avec son poignard caché dans un repli de sa mante. »

– Mais, mon père, ai-je demandé, qu'est-ce que le péché d'Ève peut bien avoir à faire avec l'étude des étoiles?

L'aumônier a plissé les yeux avant de me toiser des pieds à la tête :

– Le péché d'Ève, a-t-il dit, a montré que protéger les femmes de la tentation est le devoir de l'homme. Leur permettre d'étudier l'astronomie, les mathématiques et toutes ces matières qui vous attirent tant, a-t-il ajouté avec un petit sourire glacé pareil à une lame de couteau, aggraverait encore leur faiblesse naturelle et les précipiterait dans l'abîme du péché.

Sur ce, il m'a donné un livre qui, selon lui, me convient parfaitement. Intitulé *Le jardin des jeunes filles nobles*, il a été écrit par un moine de l'ordre de Saint-Augustin. Après en avoir lu les premiers chapitres, j'ai été convaincue à mon tour qu'un tel livre ne risquait pas de me détourner du droit chemin. Pour tout avouer, je me suis endormie à deux reprises sur ses pages ô combien ennuyeuses !

Ségovie, le 18 mai 1466

Le moine de l'ordre de Saint-Augustin est très prolixe quand il s'agit de chasteté, de modestie, de pudeur, ou de réserve. À l'appui de sa démonstration, il invoque le fait que Dieu façonna la première femme de la côte qu'il avait tirée d'Adam, développant le thème pendant des pages et des pages et prétendant même savoir de quelle côte il s'agissait exactement !

Ségovie, le 21 mai 1466

Le temps étant magnifique, mes dames d'honneur et moi nous sommes diverties en allant nous promener jusqu'à la *plaza Mayor*, la grand-place. Même une courte promenade comme celle-là est une épreuve pour Catalina que sa jambe fait souffrir après seulement quelques pas. Elle a néanmoins insisté pour m'accompagner de son étrange démarche claudicante.

Bien que j'aie la permission de quitter le château sans escorte, Enrique s'arrange toujours, par le biais de ses espions, pour me surveiller en permanence, tel un lion endormi. Je n'ose pas réveiller *El León*, de crainte qu'il ne se remette à rugir à propos de mes fiançailles avec *El Escorpión*. Un pèlerinage à Saragosse semble hors de question pour l'instant.

Nous avons réussi à marcher jusqu'au couvent de San Francisco où les religieuses nous ont accueillies chaleureusement et nous ont offert tout un choix de biscuits (pour le plus grand plaisir de Jimena qui en a pris trois de chaque sorte) avant de nous renvoyer au château.

Ségovie, le 24 mai 1466

Je ne sais pas quoi écrire. Aucune idée ne me vient à l'esprit. Mon existence actuelle, dénuée de toute perspective, est si terne, si ennuyeuse ! J'attends qu'*El León* se réveille et décide de mon destin.

Ségovie, le 25 mai 1466

Voyant que j'avais besoin de distractions, Catalina m'a proposé de m'apprendre à dessiner. Il s'est rapidement avéré que je n'étais pas une élève très douée. Pour ma première leçon, elle m'a demandé de faire un croquis fort simple : une orange posée sur une assiette. Quand elle a vu le résultat : un cercle très approximatif en équilibre sur une ligne plus ou moins droite, elle a secoué la tête. J'aimerais dessiner des moutons, des mules et des paysans dans les champs, mais elle m'a rétorqué, sur un ton très respectueux, que j'étais encore bien loin de pouvoir me lancer dans une telle entreprise.

Ségovie, le 29 mai 1466

Me voilà engagée dans une autre entreprise, toute nouvelle, elle aussi : j'ai décidé de donner à Ana des leçons de cistre. Clara désapprouve cette décision, car Ana n'appartient pas à une famille noble et n'est qu'une servante (pleine d'ardeur au travail, certes, mais aussi, il faut l'avouer, bien maladroite). Reste que je ne puis oublier le rêve, peut-être suscité par la fièvre, où je voyais Ana pincer les cordes de mon cistre tout en m'assurant que tel était le vœu de ma mère.

Sa gratitude me touche. Mais ce qui me surprend, c'est son talent. Je la soupçonne d'en avoir plus que moi.

Ségovie, le 30 mai 1466

Autre surprise : Ana a une voix de rossignol. Il faut que je me montre vigilante, de peur de commettre (une nouvelle fois !) le péché d'envie.

Ségovie, le 5 juin 1466, jour de la Fête-Dieu

C'est la reine Juana qui eut l'idée de célébrer cette fête religieuse.

– Venez, doña Isabelle, s'écria-t-elle, Vous êtes jeune ! Amusez-vous tant que vous le pouvez encore !

« Elle a raison, pensai-je. D'ici peu, je serai sans nul doute mariée à son frère. »

Je me changeai donc. Je revêtis ma robe préférée, en velours lie-de-vin, et, par-dessus, une mante bleu foncé. Mais, bien entendu, si élégante fût-elle, cette mise ne pouvait prétendre rivaliser – sinon de très loin – avec les atours de la reine Juana. Emprisonnée dans un corps-de-jupe à baleines dont les manches de brocart vert avaient le volume d'un gros melon, celle-ci avançait en chancelant, juchée sur des socques aux semelles peintes si épaisses qu'elles la grandissaient d'une bonne demi-tête. Une jeune fille portait la traîne de sa robe, et la reine n'avait plus qu'à agiter son éventail parfumé en plumes de paon. Je suivais derrière avec ma petite escorte dont Catalina faisait partie.

Naturellement, Enrique ne s'était pas joint à nous.

– Il est avec ses animaux, comme d'habitude, nous informa la reine Juana.

Nous gagnâmes alors en cortège l'une des majestueuses demeures de la *plaza Mayor* où résident des amis de la reine. Du balcon où nous avions pris place, nous avions une très bonne vue sur la procession de la Fête-Dieu qui passait en contrebas.

En premier lieu, juste derrière le tabernacle orné de pierres précieuses enfermant l'hostie, venaient les prêtres dans leurs robes chatoyantes de soie brodée, puis les moines, vêtus de leurs robes de bure ordinaires. Les *grandes* de Ségovie – au nombre desquels se trouvait le père de Catalina – suivaient à cheval. Montures et cavaliers le disputaient en élégance. C'était là la partie religieuse – solennelle – de la procession.

Après quoi, sautant, bondissant et criant, venaient les fous et les bouffons avec leurs costumes bigarrés et leurs bonnets à grelots. Les géants et les nains à grosse tête, hautes figures de papier mâché, tournoyaient non loin d'eux en nous adressant de grands gestes. Terrifiée, la petite princesse se cramponna en pleurnichant aux jupes de sa mère jusqu'à ce que la reine finît par l'écarter d'un geste impatient.

Ce fut alors qu'entra en scène, traînée sur une sorte de planche à roues, *La Tarasca*, le dragon de bois, effrayante apparition avec son énorme ventre et sa longue queue couverte d'écailles. Roulant des yeux terrifiants et ouvrant toutes grandes ses mâchoires peintes de couleur vive pour montrer, outre une triple langue, des rangées et des rangées de dents, *La Tarasca* émettait d'horribles cris et gémissements. La vue du dragon jeta la pauvre princesse Juana dans une angoisse irrépressible qui se termina en crise de larmes, et elle se jeta dans mes bras.

Je m'agenouillai et attirai l'enfant effrayée contre moi. Sa mère était bien trop occupée à rire et à appeler ses amis pour lui prêter la moindre attention. Quant à la gouvernante de la petite princesse, elle était introuvable.

Plus tard

Après le coucher du soleil, une fois les torches allumées, la reine Juana et ses amis firent leur apparition dans des déguisements très recherchés.

– Il faut venir avec nous, doña Isabelle ! lança la reine Juana.

En réalité, elle espérait secrètement, je le savais, que je refuserais. Ce que je fis.

Restée sur le balcon avec sa petite fille blottie sur mes genoux, je regardai la reine descendre sur la place et entrer en compagnie de deux de ses dames d'honneur dans une voiture qui semblait les attendre. La *plaza Mayor*, encore encombrée quelques instants plus tôt d'effigies religieuses et carnavalesques, fourmillait à présent de joyeux compères. Le son des flûtes et des guitares et le cliquetis des tambourins emplissaient la nuit. Les danses n'allaient pas tarder à commencer.

De jeunes élégants se promenaient d'un pas nonchalant sur la *plaza Mayor*, vêtus de pourpoints ajustés dont l'armature baleinée faisait paraître la poitrine plus large et de chausses rembourrées destinées à améliorer le galbe de la jambe. Quant à leurs têtes, dûment soutenues par des collerettes de lin sophistiquées, elles avaient l'air présentées sur un plat. Comme les dames, ils étaient masqués.

Un des hommes jeta audacieusement une coquille d'œuf remplie d'eau parfumée dans la voiture de la reine. J'entendis alors le rire aigu de ma belle-sœur et vit sa main gantée de soie effleurer la joue de l'insolent.

Je me penchai dans l'espoir de mieux le distinguer. À ce moment précis, il leva les yeux en direction du balcon sur lequel je me tenais toujours, tenant entre mes bras la princesse endormie. Nos regards se rencontrèrent. C'était Beltrán de la Cueva.

Ségovie, le 6 juin 1466

Aujourd'hui, Catalina et moi avons travaillé à nos croquis pendant près d'une heure. J'ai d'abord essayé de dessiner *La Tarasca*, mais le dragon dépassait de très loin mes compétences. En désespoir de cause, je me suis fixé pour objectif de reproduire un des gobelets en verre de Venise auxquels la reine Juana attache tant de prix. Il est du plus joli ton de bleu que j'aie jamais vu. Hélas, sur mon dessin, il semble être fait de cire fondue, tandis que sur le croquis de Catalina, son élégance est parfaitement rendue.

Tandis que nous étions toutes deux penchées sur notre papier et nos crayons, Catalina a chuchoté :

– Vous savez, n'est-ce pas, qu'Andrés de Cabrera est un nouveau chrétien ?

– Bien sûr, ai-je répondu sans lever les yeux de mon ouvrage.

En réalité, j'avais complètement oublié que le fiancé de Beatríz était, lui aussi, d'ascendance *converso*.

– Cela vous ennuie-t-il ?

– Non. À condition qu'il pratique sincèrement la religion chrétienne.

Catalina n'a rien ajouté, et je suis restée silencieuse, moi aussi. Mais les paroles du père Torquemada retentissaient dans ma tête : *à jamais souillé*.

Ségovie, le 7 juin 1466

Hier, Beatríz est arrivée d'Arévalo à notre grande surprise. Une visite tout à fait bienvenue. Je ne l'avais pas revue depuis la mort de Pedro Girón, autrement dit depuis que nous nous étions trouvées ensemble pour la dernière fois à la cour de Madrid. Tout à ses projets de mariage (c'est pour septembre), elle rayonnait littéralement de bonheur.

Elle me demanda les dernières nouvelles, mais je n'avais pas grand-chose à lui raconter, hormis ma maladie et la célébration de la Fête-Dieu, que je lui décrivis longuement.

– Et *El Escorpión*? s'enquit-elle. Enrique n'a-t-il donc pas reparlé de vos fiançailles?

La simple mention de mon frère m'avait mise très mal à l'aise.

– Non, répondis-je, il n'a rien dit. Et je me garde bien, ajoutai-je, de lui poser la moindre question. Je me contente de prier pour qu'un autre prétendant se présente avant qu'il soit trop tard.

– Moi aussi, chère Isabelle, renchérit-elle, je prie tous les jours Dieu de vous accorder un époux aussi remarquable que mon Andrés.

« Mais pas un *converso* », pensai-je.

Ségovie, le 8 juin 1466

Ce matin, j'ai montré à Beatríz le livre que le père Torquemada m'a donné à lire l'autre jour. Elle a fait une grimace.

– La bibliothèque du château abonde en ouvrages infiniment plus intéressants que celui-là, a-t-elle lancé d'un ton un peu vif. Vous devez lire ceux qui vous plaisent.

Il est vrai qu'il y a là des rayons et des rayons de livres, soit des centaines de volumes. Il m'arrive quelquefois d'arpenter la bibliothèque, de choisir un livre et de le reposer en toute hâte.

– Mais n'est-ce pas un péché de lire ces ouvrages ? ai-je demandé, quelque peu scandalisée.

Beatríz ne cesse de me scandaliser. C'est une des raisons pour lesquelles je l'aime autant.

Les poings sur les hanches, elle m'a regardée en fronçant les sourcils.

– C'en est un seulement si vous en êtes persuadée, a-t-elle rétorqué pour ajouter presque aussitôt : à propos, notez-vous toujours vos prétendus péchés dans le cahier que vous a donné le père Torquemada ?

J'ai avoué que je le faisais toujours.

Beatríz a fait claquer sa langue.

– Taratata ! Il faut que vous me promettiez quelque chose, doña Isabelle : à compter d'aujourd'hui, vous ne consignerez plus vos fautes mais seulement vos joies.

Votre existence a pris un tour lugubre. J'ai d'autres souhaits pour vous, doña Isabelle.

À présent, j'étais atterrée. Comment pourrais-je ainsi défier le père Torquemada, quand il me convainc chaque fois de mon état de pécheresse, au point que je crois sentir la chaleur des flammes de l'enfer ? C'est pour moi de l'ordre de l'inimaginable.

Ségovie, le 10 juin 1466

Aujourd'hui, avant de repartir pour Arévalo, Beatríz m'a proposé de l'accompagner le mois prochain à la foire annuelle de Medina del Campo – un projet enthousiasmant !

– Vous pourriez en profiter pour faire halte à Arévalo et rendre visite à votre mère. Après quoi, nous irions à la foire.

– Enrique ne le permettra pas, ai-je répondu avec un soupir.

J'en étais vraiment désolée, car j'avais jadis coutume de m'y rendre chaque année avec Alfonso, et, bien entendu, je brûlais d'y retourner.

– Alors il faudra trouver un moyen de le convaincre. Peut-être y consentira-t-il si vous voyagez sous escorte. Et ce serait effectivement plus sûr. Je lui écrirai en ce sens. Faites-moi confiance, je me charge de tout !

Je me laisse donc aller à rêver, mais sans véritable espoir. Je n'ai aucune nouvelle – ne serait-ce qu'un mot – d'*El León* depuis la mort de Pedro Girón, et je crains fort que le jour où il me fera enfin signe, ce ne sera point pour m'accorder l'autorisation de me rendre à la foire mais pour m'annoncer le début de ma misérable existence avec *El Escorpión*.

Ségovie, le 23 juin 1466

*N*ous allons à la foire ! Le roi Enrique y a consenti, et nous partirons dans dix jours. Le voyage ne se présente pas exactement comme je l'eusse souhaité, car la reine Juana et la petite princesse seront de la partie, ainsi que toutes leurs dames d'honneur et les miennes, sans compter un grand nombre de chevaliers préposés à notre garde. Ce n'en est pas moins une petite expédition, et je m'en réjouis !

Catalina elle-même est aux anges.

Ségovie, le 27 juin 1466

*E*nrique a changé d'avis. Pas complètement – à moitié. Je ne rendrai pas visite à ma mère. Il a en effet décidé qu'au lieu de gagner Medina del Campo par le chemin d'Arévalo, nous passerions par Coca et ferions halte pour la nuit au château appartenant à son ami, monseigneur Fonseca. Enrique n'a donné aucune explication à ce changement de programme, et il serait vain de lui en demander une.

Ségovie, le 29 juin 1466

Le voyage a été annulé sans plus d'explication. Je ne suis pas la seule à être contrariée. La reine Juana, elle, est entrée dans une rage terrible ! Et quand cette femme se met en colère, elle est incapable de se maîtriser. Elle s'est emparée de tous les objets qui lui tombaient sous la main et les a jetés contre le mur. L'argenterie est bosselée, la porcelaine de France, brisée, les gobelets en verre de Venise, fracassés en mille morceaux. Quel spectacle !

Beatríz a raison : je suis d'humeur lugubre, si lugubre même que je ne sais plus que faire de moi. Je suis lasse de me plaindre de mon sort, mais hormis ces sujets de plainte, il n'est aucun thème que j'aie envie d'aborder dans mon cahier. Si mon existence sort un jour de la grise routine à quoi elle semble être condamnée, alors seulement je me remettrai à écrire.

Ségovie, le 22 avril 1467

C'est mon seizième anniversaire. Pendant dix mois trop ternes pour mériter que je m'y arrête, j'ai cessé de consigner mes pensées. Mais aujourd'hui, Beatríz est venue passer la journée avec moi. Elle m'a offert un jeu de peignes en argent et m'a exhortée à me reprendre.

– Mon souhait, a-t-elle dit, est que désormais, vous évoquiez plus souvent des événements joyeux que des chagrins.

Cela ne me serait pas difficile si j'étais Beatríz. Ma chère amie a célébré ses noces en septembre dernier. J'avoue que je n'ai jamais vu de jeune épousée aussi radieuse ni de nouvel époux aussi charmé par sa femme ! À cette époque, Beatríz m'avait promis que son mariage ne porterait pas ombrage à notre amitié, et je dois dire que jusqu'ici, elle a tenu parole. Chaque fois qu'Andrés a dû s'absenter pour rejoindre Enrique, elle en a profité pour me rendre visite. Elle rayonne de bonheur, et je m'efforce de chasser tout sentiment d'envie sous peine de me voir à nouveau contrainte de consigner mes péchés.

Nous nous promenions toutes les deux dans la cour du château quand, une fois de plus, Beatríz a abordé la question de mon – ou mes – prétendant(s) – ou de l'absence éventuelle de prétendant.

– N'y a-t-il toujours pas de fiançailles en vue ? a-t-elle demandé, comme elle ne manque pas de le faire à chacune de ses visites.

– Non, ai-je répondu. Enrique ne dit mot à ce sujet, et je ne lui en parle pas non plus. Il semble avoir oublié l'affaire.

– J'ai le sentiment, a-t-elle commencé avec un sourire – et je vis alors l'arc délicat de ses sourcils se hausser – que vos prières seront bientôt exaucées.

Je me suis arrêtée pour l'empoigner par le bras.

– Vous avez le sentiment… ? De quoi s'agit-il ? Que voulez-vous dire, doña Beatríz ?

– Mais rien, doña Isabelle, a-t-elle répliqué en me tapotant la main. Rien du tout, je vous assure.

– Je ne vous crois pas ! me suis-je écriée. Avez-vous entendu parler de quelque chose ? Vous *devez* me le dire !

– Je n'ai entendu parler de rien, a-t-elle répondu d'un ton très calme. Mais Dieu a déjà entendu vos prières dans le passé, n'est-ce pas ? Eh bien, vous devez croire qu'elles seront à nouveau entendues.

L'existence est infiniment plus intéressante lorsque Beatríz est ici. Chaque fois qu'elle s'en va, je me languis d'elle pendant des jours et des jours.

Ségovie, le 25 avril 1467

*B*ien que plus d'un an se soit écoulé depuis la mort de Pedro Girón, Catalina et moi, nous n'avons toujours pas effectué notre pèlerinage au sanctuaire de Santa Engracia. Voilà déjà longtemps que Catalina a terminé sa bannière de l'Agneau de Dieu et, en sus, deux autres étendards. Quant à moi, j'ai cousu pour Alfonso plus de chemises qu'il n'en peut porter.

Mais les leçons de dessin continuent : je me suis découvert un petit talent pour croquer les détails architecturaux, en particulier les gracieuses voûtes et les décorations de ferronnerie de style mauresque, si élaborées. Le dessin est une agréable distraction, tout comme les leçons de musique que je donne à Ana. Si seulement je pouvais lui apprendre aussi à couper les mèches de bougie brûlées !

Ségovie, le 26 mai 1467

*J'*ai décidé de me rendre en ville avec une feuille de parchemin, des plumes et de l'encre, chaque fois que le temps le permet, et de dessiner un panorama ou une scène qui frappe l'œil.

Aujourd'hui, j'ai commencé à travailler sur un dessin de l'aqueduc. Les deux tiers des arches (il y en aurait, paraît-il, cent soixante-trois, mais je ne les ai pas comptées) s'étendent aussi loin que la vue peut porter, lançant ainsi un double défi : à l'œil et à la main.

Catalina m'a prévenue : c'est une entreprise bien difficile et presque une gageure que j'entends ainsi soutenir ; je ne dois pas être déçue si les résultats ne répondent pas à mon attente.

Ségovie, le 2 juin 1467

Catalina avait raison. La semaine dernière, je suis sortie chaque jour, à l'exception du dimanche, pour étudier l'aqueduc et en faire des croquis. Les résultats ne sont pas seulement décevants, ils sont consternants.

Catalina m'a expliqué qu'il ne faut pas passer trop de temps sur les détails – en tout cas, au début. Pour illustrer ses propos, elle m'a pris la plume des mains, et, au dos d'un pauvre dessin que j'avais déjà jeté dans un moment de colère, elle a esquissé en quelques gracieux traits la courbe majestueuse des antiques arches de pierre.

Après avoir vu ce qu'elle était capable de faire, je n'avais plus très envie de faire un second essai, aussi mes dames d'honneur et moi avons-nous rassemblé nos affaires pour nous en retourner au château.

Ségovie, le 8 juin 1467

Clara a appris par son époux, Gonzalo Chacón, que les troupes rebelles qui soutiennent mon frère Alfonso – et dont notre cher ami l'archevêque Carrillo est le centre – reprennent des forces.

Il semblerait que jusque-là, les *grandes* et les évêques aient favorisé un jour le roi Alfonso pour se tourner dès la semaine suivante sinon le lendemain vers le roi Enrique. Mais à présent, selon Chacón, Carrillo aurait convaincu les plus puissants des *grandes* – ceux qui détiennent les plus gros effectifs de soldats – de se rallier à mon frère cadet. L'archevêque, qui dispose lui-même d'une importante armée privée, pense en effet qu'Alfonso sera meilleur roi qu'Enrique.

Bien que je partage son opinion, je tente de garder un juste milieu et de ne favoriser en public ni l'un ni l'autre. Je n'ai pas la moindre idée des conséquences que cela pourrait entraîner pour moi.

Ségovie, le 10 juin 1467

Catalina m'a rappelé que c'est sur l'initiative de mon père que l'antique château de Ségovie, construit il y a quatre cents ans, est devenu une résidence royale.

– Il est magnifique, a-t-elle ajouté. Voilà un sujet tout à fait approprié à votre papier et à votre plume, doña Isabelle.

Elle a raison. Le château est très beau en effet. Si seulement j'étais autorisée à le quitter de temps à autre, je ne le percevrais pas uniquement comme une prison. J'ai décidé de suivre ses conseils et de m'exercer à représenter sinon le château tout entier, du moins certaines de ses parties, par exemple le pont-levis en bois, les tourelles d'azur et la splendide tour centrale. Quand mes croquis seront plus satisfaisants, je les reproduirai peut-être dans mon cahier. Ainsi, même lorsque je serai partie au loin, je n'oublierai pas le lieu où j'aurai passé les années de ma jeunesse. Mais d'abord, qu'on me laisse partir !

Toujours aucune nouvelle d'Alfonso et des rebelles.

Ségovie, le 13 juin 1467

Ce n'était pas une bonne idée. Je n'ai aucun talent pour le croquis et ne saurai jamais représenter convenablement ce lieu ni aucun autre. Catalina m'a reproché mon manque de patience. Je lui ai rétorqué qu'elle devait désormais être la seule à dessiner, et que pour ma part, je me contenterais d'écrire.

Il faut l'avouer : Ana joue de mieux en mieux du cistre, ses progrès sont sensibles de jour en jour.

Arévalo, le 17 juin 1467

Je suis libre !

Les événements qui se sont succédé ces jours derniers sont difficilement imaginables. Outre que je suis délivrée de la tyrannie du roi Enrique et de la reine Juana, me voici de retour à la maison, à Arévalo.

Comment tout cela est-il arrivé ?

Eh bien, la nuit dernière, longtemps après que Clara et moi nous fûmes retirées dans nos appartements, un vacarme assourdissant éclata dans la cour, nous réveillant en sursaut. Que se passait-il donc ? Ni l'une ni l'autre n'en avions la moindre idée. Mais bientôt, il y eut des cris et des bruits de pas à notre porte. À l'instar de Clara, j'enfilai à la hâte des vêtements avant d'aller me tapir dans un coin avec ma gouvernante, sans savoir que faire. De notre cachette nous entendions les dames d'honneur pleurer. Quant à Blanca, elle hurlait à pleins poumons.

Tout à coup, la puissante stature de l'archevêque Carrillo apparut dans l'encadrement de la porte au point de l'obturer presque. Il portait non pas des vêtements ecclésiastiques mais une tenue de chevalier. Les amis qu'il avait dans la place, expliqua-t-il, avaient laissé les portes de la cité ouvertes, lui permettant ainsi de traverser précipitamment la ville avec ses soldats, cap sur le château.

– Doña Isabelle, ajouta-t-il, lorsque j'eus repris mes esprits, c'est à vous de choisir. Vous pouvez soit rester ici, sous ma protection, soit quitter le château. La reine Juana, pour sa part, a décidé d'aller se réfugier dans le palais du roi Enrique, à Madrid. La petite princesse et elle sont déjà en route.

Je n'eus même pas besoin de réfléchir.

– Monseigneur, répondis-je, ma décision est prise : je souhaite retourner dès que possible à Arévalo, auprès de madame ma mère.

L'aube était à peine levée que nous étions prêts à partir. Toutes mes affaires, dûment empaquetées, s'entassaient dans des chariots de bois. Je vérifiai que j'avais bien emporté mon cahier, ainsi que quelques-uns des piètres croquis que j'avais exécutés. Avant la fin de la journée, notre petite compagnie escortée de deux cents cavaliers avait atteint Arévalo. Beatríz était là pour me souhaiter la bienvenue.

Je courus à la rencontre de ma mère et me jetai à son cou en pleurant. Elle ne réagit pas. Reculant de quelques pas, je la regardai. Jadis du même blond vénitien que les miens, pareillement brillants, ses cheveux étaient répandus en désordre sur ses épaules, et sa robe négligée. Elle fixait sur moi de grands yeux vides.

– Il y a bien longtemps que nous ne nous sommes vues, commençai-je avec douceur. Peut-être ne me reconnaissez-vous pas. Je suis votre fille, Isabelle.

C'était peine perdue. Elle ne semblait même pas me voir. Je pris l'une de ses mains dans les miennes. Elle était glacée, bien que la température fût très douce.

– Venez, doña Isabelle, chuchota Beatríz en me touchant l'épaule.

Et elle m'emmena loin des appartements de ma mère.

Ainsi la journée, qui avait pourtant commencé sous les plus heureux auspices, finissait-elle dans les larmes.

Arévalo, le 23 juin 1467

*J*e rends visite à ma mère au moins deux fois par jour. J'essaie de m'entretenir avec elle. En vain : c'est comme si je m'adressais à une statue de bois. Quand je joue du cistre, les larmes coulent sur ses joues sans qu'elle s'en rende compte, mais elle ne parle toujours pas.

Clara tente de me réconforter, Beatríz aussi.

– Pourquoi ne m'avez-vous rien dit ? m'écrié-je.

– À quoi bon ? dit Beatríz. Vous n'auriez rien pu changer à la situation.

Mon frère, le roi Alfonso, viendra bientôt en visite à Arévalo. Je me réjouis à l'idée de le revoir. Jadis, je me rappelle, nous aimions vagabonder ensemble à travers la campagne, patauger dans les ruisseaux pour attraper des truites, ou poursuivre des lapins dans les champs – le plus souvent sans grand succès. Et lorsque nous cherchions à atteindre, à coups de pierres, de lointaines souches d'arbre, il visait mieux que moi. En revanche, j'ai toujours été meilleure cavalière que lui. Je me demande s'il se souvient de tous ces jeux.

Arévalo, le 25 juin 1467

Alfonso était encore un enfant la dernière fois que je l'ai vu. À présent, il est roi ! C'était un petit garçon très sérieux, et il est resté ainsi. Il est arrivé ici ce matin dans ses habits de soie et de velours, monté sur un bel étalon blanc et précédé par la sonnerie assourdissante des trompettes. Deux cents *caballeros* portant ses couleurs, le noir et le rouge, l'accompagnaient. Quelle excitation !

Mes deux frères semblent totalement différents – jusque dans les moindres détails. Aux beaux étalons du cadet l'aîné préfère les petits chevaux arabes très rapides qu'il monte avec les étriers raccourcis, à la façon des Maures. Enrique s'habille à la diable, tandis qu'Alfonso se soucie manifestement de son apparence. Le premier ne porte aucun intérêt au cérémonial de cour, alors que le second l'apprécie beaucoup, allant même jusqu'à le réclamer.

Quand je courus à sa rencontre (je ne l'avais pas vu depuis près de quatre ans), un de ses gardes me repoussa en criant :

– Obéissance au roi ! Obéissance au roi !

Surprise, je m'arrêtai et m'inclinai profondément. Du haut de son cheval, le roi Alfonso me fit signe d'avancer et de lui baiser la main. J'obéis.

– Je suis heureux de vous revoir, doña Isabelle, dit-il d'un ton grave.

– Il en est de même pour moi, mon seigneur, répondis-je sur un ton presque aussi grave, bien que j'eusse, je l'avoue, très envie de rire.

Après tout, ce n'était encore qu'un garçon imberbe !

– Vous êtes devenue très jolie, Isabelle, poursuivit Alfonso du même ton officiel qui contrastait avec sa voix enfantine.

Je m'inclinai à nouveau.

– Je vous sais gré de votre bienveillance, mon seigneur.

Après cet échange de politesses, nous nous rendîmes en grande procession au couvent de San Francisco, hors des murs de la cité. Il y avait là Carrillo qui avait quitté l'habit de chevalier pour celui d'archevêque et échangé son poignard d'argent contre une croix ornée de pierreries. Portant chasuble de drap d'or entièrement brodée de fils de soie et de gemmes étincelantes, il célébrait une messe d'action de grâces.

Je ne cessai de jeter à la dérobée de petits coups d'œil à mon frère Alfonso, agenouillé à mon côté. Comme il est devenu grand et beau en dépit de son jeune âge (il n'a pas encore quatorze ans)! Et comme il est sûr de lui! Il semble déterminé à être un bon roi.

Arévalo, le 26 juin 1467

*H*ier soir, une fois de retour au château, nous avons pris grand plaisir au festin que les serviteurs avaient réussi à improviser. Ma pauvre mère ne s'est pas jointe à nous; elle est restée cloîtrée dans sa chambre.

À la table du banquet, j'étais assise à la droite d'Alfonso qui recevait d'une manière toute royale les compliments de nombre de ses partisans. À ma gauche, avait pris place l'archevêque. Je l'interrogeai au sujet de son neveu, *El Zorro*, le renard rusé. La dernière fois que j'en avais entendu parler, il était dans le camp d'Alfonso.

– Pacheco soutient Enrique, répliqua l'archevêque. Il a une fois de plus changé de camp.

Don Andrés n'est pas ici, avec Beatríz, mais à Madrid, avec Enrique. Je vois bien que cette situation met à rude épreuve mon amie, déchirée entre des loyautés contradictoires. Il en est bien d'autres dans le même cas, par exemple Elvira, la seule de mes six dames d'honneur à ne pas m'avoir accompagnée à Arévalo : son père en effet est fidèle à Enrique. Pour la remplacer, j'ai invité Alicia à se joindre à mon escorte. Elle semble être d'une agréable compagnie et a le grand mérite de ne pas tirer vanité de son intelligence comme Elvira. Son pire défaut est cette fâcheuse habitude qu'elle a de fredonner, alors même qu'elle chante faux.

Arévalo, le 30 juin 1467

Nous allons à la foire de Medina del Campo ! C'est une proposition d'Alfonso. Il sait à quel point je l'apprécie. L'an dernier, Enrique nous avait empêchées d'y aller, mais cette fois-ci, il ne pourra pas. Nous partons demain.

Medina del Campo, le 3 juillet 1467

Voici une liste non exhaustive des articles en vente à la foire :

– drap d'Angleterre ;

– samits et brocarts tissés de fils de soie floche sortis des fabriques de Grenade et d'Afrique du Nord ;

– tapis de laine et couvertures de selle aux dessins compliqués tissés par les Maures ;

– dinanderie (dont urnes, lanternes et cribles) fabriquée par les artisans maures ;

– fourrures de toutes sortes : martre, castor, renard et zibeline (importée de la lointaine Russie), mais aussi hermine – fort coûteuse !

– miel ;

– sel, poivre, gingembre, cannelle, et autres épices en provenance d'Orient ;

– jade et pierres précieuses de toutes sortes, également en provenance d'Orient ;

– porcelaine de France et verrerie de Venise (la reine Juana pourrait acheter de quoi remplacer tout ce qu'elle a cassé dans ses jours de grande colère) ;

– articles de cuir et de bois nombreux et variés ;

– substances tirées de la corne de licorne et finement broyées dont j'ignore l'usage.

Il s'agit là exclusivement des marchandises qui m'intéressent. Ma brève liste ne comporte pas d'objets tels que heaumes et brassards, boucliers de fabrication anglaise ou épées de fabrication française qui ont captivé l'imagination d'Alfonso.

Bien que disposant de peu d'argent (Enrique ne m'a en effet toujours pas remis le montant des taxes et des impôts que la ville de Trujillo est censée me verser), je n'en ai pas moins effectué quelques achats :

– une grande épingle à cheveux en ivoire délicatement sculptée de roses pour Beatríz ;

– des mouchoirs de cou en lin de qualité pour chacune de mes dames d'honneur ;

– un flacon d'eau de fleur d'oranger où baignent des clous de girofle pour Clara qui se plaint de sa peau rugueuse ;

– une boîte à sel laquée pour Alfonso.

Pour ma part, j'avais très envie d'un bracelet mauresque en or incrusté d'ambre, mais n'ayant pas suffisamment de quoi le payer, j'ai dû me rabattre sur un encrier de cristal.

Le commerce est, certes, la raison d'être de la foire, mais on peut s'y livrer à bien d'autres plaisirs que les achats ou le troc : écouter les ménestrels jouer du cistre, de la flûte ou de la cornemuse et les troubadours chanter des ballades ou bien admirer les bateleurs. Entre les géants juchés sur des échasses qui arpentent la foule à grands pas, les acrobates qui font la roue et effectuent des sauts périlleux ou encore les jongleurs qui font virevolter toutes sortes d'objets au-dessus de leur tête, les badauds n'ont que l'embarras du choix.

Plus tard, nous avons vu un grand ours noir habillé d'une veste de satin rouge et coiffé d'un bonnet à clochettes s'avancer d'un pas traînant au bout d'une chaîne d'or. Quand le montreur d'ours s'est mis à jouer un air sur une petite flûte, l'ours s'est dressé sur ses pattes de derrière avant d'exécuter une danse lente et solennelle.

Un peu plus loin, nous avons fait halte pour assister à un spectacle de marionnettes. Les petits personnages sculptés et peints jouaient une scène de bataille entre les Maures et les chrétiens. Ce sont les chrétiens qui ont gagné, comme c'est toujours le cas dans ce genre de représentation.

Alfonso, qui se trouvait à mon côté, observait attentivement la scène, lui aussi.

– Isabelle, ma chère sœur, a-t-il dit avec le sérieux qui le caractérise, sachez que j'ai fait le vœu de chasser l'envahisseur maure. En tant que roi de Castille, je reconquerrai les terres anciennement chrétiennes dont les infidèles musulmans nous ont dépossédés et je les garderai pour l'éternité.

– Dieu vous bénisse, ai-je murmuré.

Si Alfonso parvient à bouter les Maures hors de la péninsule Ibérique, ai-je pensé, alors il aura accompli ce qu'aucun roi de Castille, y compris notre frère Enrique, n'aura été capable de faire en sept cent cinquante ans.

Medina del Campo,
le 5 juillet 1467

Dure et douloureuse leçon que celle qui nous a été infligée aujourd'hui !

Alfonso, très préoccupé sinon obsédé par la guerre, a tenu absolument à ce que nous assistions à une joute équestre. Il se trouve qu'un chevalier de Salamanque avait défié en combat singulier Pedro Pimentel, un des *caballeros* d'Alfonso.

Pimentel, un jeune homme blond originaire de Valladolid, entra donc en lice, vêtu d'un pourpoint matelassé en velours coupé vert olive et de chausses en écarlate et brocart vert et portant une épée d'or au côté. L'assaillant, quant à lui, montait un magnifique cheval au caparaçon de damas rouge bordé de zibeline.

Après moult sonneries de trompettes, la joute commença. L'assaillant et le tenant allèrent se placer aux extrémités opposées du champ clos avant de se retourner et de galoper à bride abattue à la rencontre l'un de l'autre, leurs lances parées à frapper. Lors de la première charge, l'attaquant porta au tenant un coup violent dans un terrible fracas de métal, mais les deux chevaliers restèrent bien en selle. Il en resta ainsi lors des assauts suivants. Chaque fois, Alfonso acclamait son *caballero*.

Il faisait très chaud ce jour-là, et mes dames d'honneur ne cessaient de s'éventer et de tamponner avec des mouchoirs leur visage sur lequel perlait la sueur. María et Mencia se plaignaient de l'insupportable chaleur dont elles finiraient par mourir, disaient-elles. C'est à peine si nous prêtions attention au combat quand débuta la neuvième charge.

Mais cette fois-ci, la pointe de la lance de l'assaillant alla heurter la visière de Pimentel de sorte que celle-ci sauta, se détachant du heaume – à la grande épouvante de tous les spectateurs qui virent le fer pointu pénétrer en un éclair dans l'œil du garçon et jusque dans son cerveau. Le malheureux tomba de sa monture. Mes dames d'honneur se détournèrent en se cachant les yeux derrière leur main.

Le chevalier de Salamanque arrêta son cheval pour se précipiter aux côtés du blessé. Alfonso franchit d'un bond les barrières de bois du champ clos en appelant à grands cris un médecin. Il était trop tard. Ceux qui se trouvaient déjà auprès du jeune homme gisant à terre secouèrent la tête. Pedro Pimentel avait trépassé.

Le chevalier de Salamanque, agenouillé à côté du cadavre, versait des larmes amères. Les compagnons de Pimentel sortirent précipitamment du champ clos pour s'en revenir bientôt avec un moine franciscain. Je savais déjà ce que le frère allait dire : la Sainte Église est opposée aux joutes équestres et refuse les sacrements à ceux qui périssent dans la lice. Ce *caballero* n'aura droit ni à une messe de funérailles, ni à un enterrement dans un lieu saint. Telles furent en effet les paroles qu'il prononça en foudroyant Alfonso du regard.

J'avais le cœur qui saignait pour mon jeune frère en larmes. Catalina me rejoignit en boitillant.

– Je regrette profondément que ce garçon soit mort, dit-elle. Et s'il était destiné à mourir, je regrette qu'il ne puisse être enterré convenablement. Mais il a défié les lois de l'Église, doña Isabelle. Nul ne saurait les transgresser impunément.

« Personne, pensai-je, ne respecte davantage la volonté de Dieu et n'obéit mieux à la Sainte Église que moi. Et pourtant, cette fille d'ascendance marrane, jugée "à jamais souillée" et dont on craint que la foi ne soit fragile, est plus respectueuse et plus obéissante que moi. »

Arévalo, le 8 juillet 1467

Ce fut une bien triste compagnie qui prit le chemin du retour. La mort de Pedro Pimentel nous assombrissait tous, en particulier mon jeune frère. Il se peut que désormais, le roi Alfonso ait une vue bien différente des joutes et des tournois.

Arévalo, le 14 juillet 1467

Pendant que nous étions à la foire, l'époux de Beatríz est revenu du camp d'Enrique. Don Andrés restera ici jusqu'à la fin du mois. Je vois quelquefois les deux amoureux marcher de concert, sourire aux lèvres, yeux dans les yeux, comme s'ils étaient seuls au monde.

Quelquefois, j'éprouve une haine féroce pour Andrés. Non pas en raison de ses liens étroits avec Enrique, mais à cause de son attachement passionné pour Beatríz.

Arévalo, le 29 juillet 1467, fête de sainte Beatríz

Nous avons célébré la fête de notre Beatríz par un somptueux banquet, servi dans la cour du château et suivi de chants et de danses. Mes dames d'honneur et moi avions beau porter nos plus beaux atours et nos plus beaux bijoux, aucune d'entre nous ne pouvait rivaliser avec la resplendissante Beatríz. Ma mère elle-même a consenti à se laisser habiller et coiffer pour l'occasion. C'est à peine si elle a prononcé quelques mots, mais je l'ai vue – de mes yeux vue – esquisser un sourire lorsque la musique a commencé.

J'avais presque oublié à quel point j'aimais la danse – le seul art utile que m'ait jamais enseigné ma soi-disant « tutrice », la reine Juana. Je n'ai pas manqué de partenaires et j'aurais pu continuer à danser ainsi pendant des heures.

Cependant, je me tourmente au sujet d'Alfonso. Mon frère n'est plus lui-même depuis la mort de Pedro Pimentel.

Arévalo, le 1ᵉʳ août 1467

Je crois que j'ai très rarement vu – peut-être même jamais – Beatríz en larmes. Hier pourtant, je l'ai surprise en train de pleurer.

– J'ai le cœur déchiré, sanglotait-elle.

– Déchiré, mais comment ? Entre quoi et quoi ?

– Entre mon amour pour Andrés et ma tendre affection pour vous. Ce matin, avant de partir rejoindre Enrique, mon mari m'a fait jurer de garder le secret. Mais vous êtes ma meilleure amie, et je ne puis vous cacher plus longtemps, en dépit de ma promesse, ce dont il s'agit.

Chère, très chère Beatríz, toujours prête à courir des risques pour l'amour de moi !

– Eh bien, dites-moi donc, chuchotai-je en pressant sa main blanche entre les miennes.

Voici ce qu'elle me répondit :

– Le roi Juan d'Aragón vient d'envoyer son ambassadeur auprès d'Enrique pour lui faire une proposition. Il demande votre main pour son fils, le prince Fernando.

– Le prince Fernando ? m'exclamai-je en resserrant mon étreinte. Que savez-vous de lui ? Et qu'est-ce que le roi Enrique a pensé de cette proposition ?

Beatríz se dégagea pour poser un doigt sur mes lèvres.

– Taisez-vous, doña Isabelle, je vous en supplie ! Personne ne doit être au courant de cette affaire !

J'essayai de garder mon calme.

– Je vous en prie, dites-moi ce que vous savez.

– Je sais deux ou trois choses. Premièrement le roi Juan est un vieil homme, encore solide mais presque aveugle. Il aime à la folie son fils unique, Fernando, auquel il a octroyé le titre de roi de Sicile. Deuxièmement, il a besoin de l'aide d'Enrique pour empêcher les Français d'envahir l'Aragón. Troisièmement, il n'ignore pas qu'Enrique accueillerait avec faveur une étroite alliance avec l'Aragón qui possède un atout considérable, à savoir une longue côte en bordure de la Méditerranée. Voilà pourquoi le vieux roi est si désireux de conclure le mariage.

L'impatience avait fini par avoir raison de moi.

– Mais *lui* ? m'écriai-je sans pouvoir me contenir. Qu'en est-il de Fernando ? Est-ce encore un vieux prétendant hideux ?

– Il n'est pas vieux, il est même très jeune : à peine quinze ans – un an de moins que vous. Et il n'a rien de hideux. Andrés l'a rencontré. Selon lui, le prince est de stature moyenne, robuste et bien fait de sa personne.

– Alors il est stupide ? Ou peut-être cruel ?

– Ni l'un ni l'autre, doña Isabelle, répondit Beatríz avec un sourire. Il est aussi intelligent qu'aimable. À mon avis, il serait difficile de trouver meilleur parti pour vous.

Dans l'intervalle, je m'étais mise à sourire, moi aussi. Mais il restait encore une question en suspens – la plus importante :

– Et qu'a dit Enrique ?

Il réfléchit à la proposition. L'ambassadeur du roi Juan attend toujours une réponse.

– Pitié pour le pauvre ambassadeur ! Réfléchir à tête reposée aux questions qu'on lui soumet est le plus grand talent d'Enrique. Changer d'avis est un autre de ses talents, et non des moindres.

– Tout ce que nous pouvons faire, c'est garder espoir, conclut Beatríz.

– Et prier, ajoutai-je. Prier pour que, sans tarder, ma vie prenne enfin un tour favorable.

Arévalo, le 14 août 1467

Je prie, prie sans relâche, mais en vain. Aucune nouvelle d'Enrique qui ne m'a pas adressé la parole ni ne m'a écrit une ligne depuis que j'ai quitté la prison dorée de Ségovie. Rien que ce petit ragot que Clara m'a chuchoté à l'oreille et qui, ma foi, ne manque pas d'intérêt : Enrique a chassé la reine Juana de Madrid pour l'envoyer vivre à Coca, dans le château de son allié, monseigneur Fonseca.

– Il est de notoriété publique, dit Clara, que la reine est plus heureuse quand elle est séparée de son époux, et vice versa.

Voilà peut-être la raison pour laquelle il n'a pas jugé opportun de m'écrire.

Arévalo, le 21 août 1467

Toujours rien. L'archevêque Carrillo, qui est venu passer quelques jours ici, a dit la messe hier. Après le souper, il m'a invité à disputer avec lui une partie d'échecs. Il y avait longtemps que je n'avais joué à ce jeu, mes dames d'honneur le trouvant fort ennuyeux.

Carrillo se fit donc apporter un échiquier, et nous alignâmes nos pièces sur les damiers de marbre sombre et clair. J'avais les pièces d'ivoire, et l'archevêque, celles d'ébène. Nous commençâmes à jouer.

Ma pièce favorite est la Reine, et je me serais attendue à ce que Carrillo, pour sa part, ait une préférence pour l'Évêque.

– Non, m'expliqua-t-il, c'est la marche du Cavalier qui m'intéresse le plus. L'Évêque, qui avance toujours sur la diagonale, avance de manière trop prévisible. Le Cavalier, en revanche, se déplace tantôt vers l'avant, tantôt de côté. Comme ceci.

Et voilà que tout à coup son Cavalier s'empare d'un de mes pions !

Je lui lançai un coup d'œil.

– J'étais distraite, dis-je, comme pour m'excuser.

– Eh bien, c'est une erreur, fit-il. Vous ne devez jamais relâcher votre attention. Une grande leçon, doña Isabelle.

Le jeu se poursuivit. Je tentai quelques coups que je croyais astucieux, mais en un rien de temps, l'archevêque avait fait échec et mat à mon Roi.

Caressant sa vaste panse, il commanda alors du vin, et nous abordâmes d'autres thèmes de conversation. J'ignore si l'archevêque savait quelque chose au sujet de la proposition que le roi Juan avait faite à Enrique ; quoi qu'il en soit, il ne m'en parla pas.

Et je n'osai lui poser la moindre question à ce propos.

Arévalo, le 1ᵉʳ septembre 1467

C'est la fête d'Ana. Elle ne porte pas le nom de la mère de la bienheureuse Vierge Marie, mais celui d'une autre sainte Anne, une très vieille femme qui, ayant vu Jésus enfant au Temple, prophétisa qu'Il serait le Rédempteur d'Israël. J'ai fait le nécessaire pour que l'on prépare un gâteau spécial en l'honneur de sa fête, et elle en a pleuré de joie.

Arévalo, le 15 septembre 1467

Reçu de merveilleuses nouvelles de Beatríz : elle attend un bébé pour le printemps. Je me suis remise à coudre – non plus des chemises à l'intention d'Alfonso, qui en a tant et plus et ne saurait qu'en faire, mais de minuscules vêtements destinés à mon filleul.

Aucune nouvelle, en revanche, du prince Fernando.

Arévalo, le 1ᵉʳ octobre 1467

J'ai pris la ferme décision de ne plus ennuyer notre Dieu miséricordieux ni aucun de ses bienheureux saints avec le prince d'Aragón. Je n'écrirai plus son nom dans ce cahier avant d'avoir une réponse nette. C'est la dernière fois aujourd'hui : *Fernando*.

Arévalo, le 5 novembre 1467

*D*epuis la triste mort de Pedro Pimentel, l'été dernier, j'ai peu vu Alfonso. Il se déplace de ville en ville avec ses *caballeros* afin de s'assurer du soutien des rebelles. Cependant, comme il doit célébrer son quatorzième anniversaire dans une semaine, j'essaie d'organiser une fête en son honneur.

J'ai loué les services d'un poète pour écrire une petite pièce de théâtre à cette occasion. Mes dames d'honneur, qui joueront le rôle des muses, lui feront don de la vertu ou du talent spécifique qu'elles incarneront. Catalina, par exemple, symbolisera l'intelligence. Pour ma part, je représenterai la déesse de la chance et rappellerai à Alfonso la prophétie qu'un astrologue, engagé par notre père, avait faite à sa naissance.

Selon cette prophétie fondée sur la carte du ciel de sa naissance, la vie du garçon resterait menacée jusqu'à l'âge de quatorze ans. Mais, avait promis l'astrologue, si Alfonso parvenait à atteindre l'âge de quatorze ans, alors il deviendrait le prince le plus heureux de toute la chrétienté.

Arévalo, le 14 novembre 1467

Je ne suis pas certaine que mon jeune frère soit le prince le plus heureux de toute la chrétienté. Quoi qu'il en soit, il a semblé prendre plaisir à notre petite pièce de théâtre. Bien que Catalina, dans un excès de nervosité, ait oublié les vers qu'Intelligence devait réciter, alors même qu'elle est la plus intelligente de toutes mes dames d'honneur, la représentation s'est effectuée sans accroc sérieux. Elle a été suivie d'un somptueux festin.

Pour marquer nos retrouvailles et notre fidélité mutuelle, et en l'honneur de ma fête, la sainte Isabelle (que je célébrerai demain), mon frère m'a solennellement donné la ville de Medina del Campo dont les taxes et les impôts me seront directement versés. Je jouirai donc à présent d'un certain revenu. Enrique m'a toujours laissée dans une relative pauvreté, mais c'est bien fini : pauvre, je ne le suis plus !

Arévalo, le 15 novembre 1467, fête de sainte Isabelle

J'ai toujours aimé la sainte dont je porte le nom – comme ma mère et toutes les femmes de ma famille durant sept générations. Quand j'étais petite, je demandais souvent à ma mère de me raconter l'histoire d'Isabelle, une cousine de la Vierge Marie. Lorsque l'ange Gabriel annonça à Zacharias que son épouse Isabelle était enceinte, Zacharias ne voulut pas le croire, car Isabelle n'était plus en âge de concevoir un enfant, aussi Gabriel le frappa-t-il de mutisme. Après la naissance du bébé, Zacharias retrouva la parole. L'enfant était Jean-Baptiste.

L'archevêque Carrillo, qui est venu ici pour célébrer l'anniversaire d'Alfonso, ainsi que ma fête, a dit la messe ce matin. Sa voix retentissante ébranlait la minuscule chapelle, et j'essayais – en vain ! – de l'imaginer frappé de mutisme. Peu de temps après, a-t-il rappelé, Gabriel annonça à la bienheureuse Vierge Marie qu'elle allait enfanter un fils à qui il faudrait donner le nom de Jésus. Marie se hâta d'aller apporter la bonne nouvelle à sa cousine Isabelle.

Arévalo, le 16 novembre 1467

L'archevêque Carrillo m'a dit ce matin que de nouveaux troubles se préparaient. Quelques-uns des rebelles qui avaient fait serment d'allégeance à Alfonso ont commencé à revenir dans le camp d'Enrique. Parmi eux, le neveu de l'archevêque, Pacheco. Quant à *El Zorro*, je suis toujours incapable de me rappeler quel parti il soutient.

– Les *grandes* sont fatigués du conflit, a déclaré l'archevêque, fatigués des criminels et des voleurs de grand chemin qui les contraignent à se déplacer sous la protection d'une troupe de soldats. Ils veulent la paix.

C'était déjà ce qu'ils souhaitaient quand Enrique a tenté de me marier à l'horrible Pedro Girón. J'espère que personne n'est en train d'ourdir une nouvelle intrigue de ce genre.

Arévalo, le 20 novembre 1467

El Zorro ! N'y aura-t-il donc jamais de fin à ses machinations ?

Aujourd'hui, une Beatríz hors d'haleine est entrée en trombe dans ma chambre pour me faire part d'une nouvelle étonnante : Pacheco a annoncé son intention de fiancer une de ses nombreuses filles (il en a six ou sept) au prince d'Aragón (dont j'ai juré il y a quelque temps de ne plus mentionner le nom).

J'ai reposé la robe de baptême que j'étais en train de broder de minuscules perles et, ce faisant, j'ai réussi à me piquer le doigt avec mon aiguille.

– Et le roi Juan d'Aragón ? ai-je demandé, tout en notant qu'une goutte de sang venait de perler au bout de mon doigt. Est-il favorable à ce projet de fiançailles ?

– Il n'y est pas opposé. Pacheco est un homme aussi riche que puissant. Il a persuadé Enrique de lui concéder quantité de terres et de titres, dont un certain nombre appartiennent de plein droit à Alfonso. Pacheco a d'énormes armées sous ses ordres, et c'est ce que désire le roi Juan.

Le découragement s'est emparé de moi. J'ai beau savoir bien peu de chose à propos du prince que je ne puis nommer, il semble être un parti infiniment plus souhaitable qu'*El Escorpíon* !

Arévalo, le 19 décembre 1467

Plusieurs semaines se sont écoulées sans apporter de plus amples nouvelles au sujet de la fille de Pacheco et du prince d'Aragón.

Je vois Beatríz presque chaque jour. Mais elle semble ailleurs. Sans doute est-elle absorbée par l'enfant qu'elle porte.

Arévalo, le 24 décembre 1467, veille de Noël

En l'honneur de la fête de la Nativité, ma mère a accepté de se laisser habiller et coiffer : nous lui avons mis sa plus belle robe de soie et relevé ses cheveux avant de les emprisonner dans une résille d'argent. Depuis de longs mois, elle refusait obstinément de quitter sa chambre, aussi Clara et moi considérons comme un véritable triomphe le simple fait qu'elle consente à nous accompagner à la messe de minuit et à prendre part au banquet qui suivra. Aux fenêtres de toutes les maisons d'Arévalo, du château jusqu'aux plus humbles chaumières, on allume de minuscules lampes à huile pour saluer l'avènement du Christ enfant.

Alfonso est ici avec nous. Bien que mon jeune frère s'inquiète probablement d'avoir perdu le soutien de la plupart des *grandes*, il ne le montre pas. Il continue vaillamment à jouer le rôle de roi de Castille, mais il faut avouer que ses sujets sont peu nombreux.

Arévalo, le 6 janvier 1468, fête des Rois mages

Emmitouflés jusqu'aux oreilles, nous sommes sortis assister au défilé des notables de la ville costumés en sages venus d'Orient. Ils jetaient à la gribouillette des friandises et des pièces de monnaie aux enfants qui se bousculaient pour les ramasser.

De retour au château, nous avons tenté de nous réchauffer avant d'échanger des cadeaux. Celui que je préfère est un petit échiquier dont les pièces de bois sont merveilleusement sculptées, peintes et passées à l'or fin. Il m'a été offert par l'archevêque. J'ai proposé une partie à Alfonso, mais il a refusé mon invitation ! Je sais pourquoi. Il craint que je ne le batte.

Mais il prétend que la raison de son refus est tout autre : il doit partir d'urgence pour Tolède.

Arévalo, le 20 janvier 1468

*I*l semble que je n'aie presque rien à consigner dans ce cahier sinon des peines et des chagrins. De tous côtés, ce n'est que malheur et misère.

La haine des juifs – une haine qui va croissant – s'est emparée du pays. Nous avons appris que le sang avait coulé en abondance à Tolède, à une journée de voyage de Madrid en direction du sud. Des cliques ont attaqué et dévalisé tous les juifs, y compris les *conversos*, qu'ils rencontraient. Nombre d'entre eux y ont laissé la vie.

Tolède est maintenant divisée en deux groupes ennemis : les chrétiens et les juifs. La sage Clara, qui comprend tant de choses, m'a expliqué la cause de ce profond ressentiment envers les juifs.

– Le peuple les accuse de faire de gros bénéfices sans se donner beaucoup de peine, c'est-à-dire en pratiquant des métiers tels que marchand, vendeur, colporteur, épicier, maréchal-ferrant, tisserand, tailleur, cordonnier et bijoutier. Bien qu'il soit interdit aux juifs de posséder des terres, on leur reproche de ne pas travailler le sol. Qui plus est, les gens du commun ne font pas la différence entre les juifs, comme le docteur Abravanel, et les *conversos*, comme Catalina et sa famille. Ils leur en veulent à tous sans exception.

– Penses-tu, ai-je demandé à Clara, que les *conversos* sont des chrétiens sincères ? J'ai entendu dire que beaucoup d'entre eux continuent à pratiquer en secret la religion juive.

– J'étais là, moi aussi, quand le père Torquemada a prêché sur ce thème. Vous pensez à Catalina, n'est-ce pas, doña Isabelle ?

– Oui, ai-je répondu. En ce qui la concerne, je crois de tout mon cœur à l'authenticité de sa foi.

– Je le crois également, a dit Clara. Mais pour une fidèle chrétienne comme Catalina, combien de *conversos* insincères ?

Entre-temps, le carnage continue à Tolède, ville qui jusque-là soutenait Alfonso. Et voilà que l'*alcade*, le maire de la ville, lui réclame une grosse somme d'argent en échange de sa loyauté ! Alfonso est, bien entendu, furieux et refuse d'accéder à une demande aussi éhontée. Il a fait savoir aux *grandes* de Tolède qu'ils étaient libres de soutenir Enrique, si tel était leur bon plaisir.

Je suis fière de lui !

Arévalo, le 26 janvier 1468

Catalina a entrepris de broder à l'intention d'Alfonso une bannière de soie où apparaîtront le château et le lion, emblèmes du royaume de Castille et de León. Elle m'a montré une esquisse sur papier de son ouvrage. Je suis sûre que la bannière sera très belle.

Je commence à croire que Catalina est sérieusement éprise de mon frère. Elle qui, il n'y a pas si longtemps, affirmait encore qu'elle s'était engagée à entrer au couvent et à consacrer sa vie à la Vierge Marie ! Alfonso ne semble pas se rendre compte des sentiments qu'elle lui porte.

Il avait été question un moment que mon frère Alfonso épouse la princesse Juana, c'est-à-dire sa propre nièce, mais je n'entends plus parler de ce projet. Enrique, *El León*, si prompt à changer d'avis, a sans doute d'autres idées de mariage pour la petite princesse. Je ne serais pas autrement surprise s'il manifestait l'intention d'offrir *La Beltraneja* au prince sans nom d'Aragón !

Arévalo, le 24 février 1468

Un nouveau carême a commencé, autrement dit, une nouvelle saison d'abstinence et de prières. Ce qui me manquera le plus, c'est la musique, également proscrite pendant ces quarante jours interminables. Ana, elle aussi, souffre à la seule idée de ne plus pouvoir jouer du cistre.

Je n'ai pas vu le père Torquemada depuis notre départ précipité de Ségovie. Mon directeur de conscience à Arévalo, le père Guzmán, est presque son opposé : il est petit, dodu, grassouillet, avec un doux sourire, des yeux joyeux et un caractère aimable. Et, bien entendu, pas du tout enclin à distribuer de sévères pénitences ! Cela ne lui viendrait pas à l'esprit de me demander de consigner mes péchés. Quant à savoir quelle est la côte que Dieu a tirée d'Adam pour façonner la première femme..., je ne crois pas non plus qu'il s'en soucie le moins du monde.

– Jouissez de l'amour de Dieu ! m'exhorte le père Guzmán avec ce sourire de chérubin qui le caractérise.

Une idée vraiment neuve !

Arévalo, le 1ᵉʳ mars 1468

Dehors, il pleut sans trêve. Dedans, nous cousons sans trêve. Beatríz me suggère de coudre plus lentement, sans quoi elle sera contrainte de mettre au monde des jumeaux pour pouvoir utiliser toutes les petites robes que j'aurai cousues pour son bébé.

Arévalo, le 12 mars 1468

Le monde entier attend. Attend la résurrection de Notre Seigneur. Attend que les pluies s'arrêtent et que les petites pousses vertes apparaissent dans les champs. Attend que rebelles et loyalistes cessent de se battre. Attend la naissance du bébé de Beatríz – prévue pour le mois prochain.

Quant à moi, j'attends (toujours!) des nouvelles d'Enrique à propos de mes hypothétiques fiançailles avec Dieu sait quel prétendant. J'avoue que je suis aussi dans l'attente de quelques contes et commérages à propos d'*El Zorro* et de ses efforts pour appâter le prince sans nom avec sa fille (elle doit être affreuse, comment pourrait-elle être jolie avec un père aussi hideux?).

Bref, j'attends qu'il arrive quelque chose – n'importe quoi!

Arévalo, le 10 avril 1468, jour de Pâques

Alléluia, Christ est ressuscité! En vérité, Christ est ressuscité!

Une nouvelle fois, les sombres temps du carême ont pris fin pour laisser place au joyeux temps de Pâques. Nous l'avons célébré par un splendide banquet, préparé et servi avec tout le faste et l'apparat requis.

Beatríz n'était pas de la partie. Le temps de la délivrance est tout proche, et elle n'apparaît plus en public. Mais don Andrés était présent. Les convives levèrent leurs verres à plusieurs reprises pour saluer la naissance imminente de son héritier.

– Cela porte malheur ! m'a chuchoté Clara à l'oreille. Don Andrés devrait faire au contraire comme s'il n'allait rien arriver.

Au lieu de quoi, celui-ci s'inclina en souriant et proposa de boire à la santé de son épouse absente.

J'avais espéré que le banquet de Pâques serait l'occasion pour moi d'arborer une nouvelle robe – en vain : un cruel manque d'argent m'en a empêchée. Alfonso m'avait bien offert en cadeau la cité de Medina del Campo, mais l'*alcade* de la ville, fidèle au roi Enrique, ne m'enverra pas le montant des taxes et des impôts sans l'approbation d'Enrique. Et, bien entendu, Enrique n'a pas donné son approbation.

J'ai donc dû me résoudre à porter la même robe que l'an dernier – une robe un peu élimée et qui, en outre, me bride légèrement la poitrine.

Arévalo, le 14 avril 1468

*B*eatríz a commencé à avoir des contractions. Nous prions toutes pour que ses couches se passent sans problèmes.

Je me rappelle très bien la naissance de la petite princesse, il y a six ans. Je faisais alors partie de la cour de la reine. Selon la coutume, outre le médecin du roi et plusieurs sages-femmes, de nombreuses personnes (*grandes* ou membres de la cour) étaient venues assister aux couches de la reine Juana. Celle-ci était assise sur le tabouret d'accouchement, encadrée d'un côté par le roi Enrique, et de l'autre, par l'archevêque Carrillo. Derrière eux, se tenaient, par ordre de rang, des dignitaires de toutes sortes – hommes de guerre ou hommes d'Église. La chambre royale était comble.

Pauvre reine Juana ! Elle demanda à ses dames d'honneur de placer un voile sur son visage de sorte que personne ne pût la voir grimacer. Mais, bien entendu, cela ne l'empêcha pas de pousser des cris, et ce, à de nombreuses reprises, car le travail d'enfantement fut aussi long que laborieux. Pour une fois, je ressentis de la compassion pour elle.

Beatríz n'est pas reine, aussi pourra-t-elle bénéficier pour son accouchement d'une plus grande intimité. Je suis sûre qu'elle en éprouve un vif soulagement ! Elle m'a priée de rester auprès d'elle pendant toute la durée du travail, et je le lui ai promis.

Arévalo, le 16 avril 1468

Beatríz a mis au monde peu après minuit un robuste petit garçon. Épuisée par ses couches, elle dort. Je suis fatiguée, moi aussi, mais trop excitée pour trouver le sommeil.

Le bébé s'appellera Rodrigo, en l'honneur de Rodrigo Díaz de Vivar – le légendaire *El Cid* que Beatríz admire autant que moi. Pour l'heure, bébé Rodrigo a été conduit auprès de sa nourrice qui doit lui donner le sein. Beatríz l'a choisie elle-même, après s'être entretenue avec une bonne douzaine de femmes.

– L'enfant, m'avait-elle pourtant rappelé voilà à peine quelques jours, absorbe, avec son lait, la personnalité et le tempérament de la mère.

– Et qu'en est-il de l'intelligence ? avais-je répliqué. Se transmet-elle aussi avec le lait maternel ?

– Laissez-moi juste vous dire, doña Isabelle, que si j'en avais la liberté, j'allaiterais moi-même l'enfant pour être sûre qu'il reçoive tout ce que j'ai à lui offrir, ce qui comprendrait l'intelligence.

– Et le courage, avais-je ajouté, en me rappelant Beatríz avec son poignard dissimulé dans un pli de sa mante à l'époque de mes quasi-fiançailles avec Pedro Girón.

– Oui, le courage aussi. Mais tout le monde est opposé à cette idée. Andrés a même été choqué quand je lui en ai parlé, ma mère également. Et j'avoue que je n'ose pas braver les conventions – je n'ai pas cette audace. C'est pourquoi j'ai engagé une excellente femme au tempérament paisible pour être la nourrice de mon enfant. Espérons que je l'ai bien choisie.

Arévalo, le 20 avril 1468

Le petit Rodrigo a été baptisé aujourd'hui dans la chapelle royale. Je suis restée debout auprès de lui en ma qualité de marraine tandis que l'archevêque Carrillo plongeait l'enfant dans les fonts baptismaux et traçait le signe de la croix sur son front avec de l'huile consacrée tout en prononçant solennellement son nom. Rodrigo a hurlé à pleins poumons – ce qui est, paraît-il, bon signe.

Je sais que Beatríz souhaitait qu'Alfonso fût l'un des parrains du bébé, mais don Andrés s'y est opposé ; il avait, pour sa part, fait le choix d'Enrique. Beatríz a alors proposé, non sans malice, qu'on les sollicite tous les deux, puisque la coutume veut qu'il y ait deux parrains. Mais la chose est, bien entendu, impossible. Mes deux frères ne se parlent plus.

Ce sont en définitive l'époux de Clara, Gonzalo Chacón, et l'un des frères d'Andrés qui ont prononcé, en tant que parrains, les vœux de baptême.

Arévalo, le 22 avril 1468

Aujourd'hui, j'ai dix-sept ans. Ma vie est suspendue entre l'enfance et l'âge adulte. La question de mon mariage n'a pas encore trouvé de réponse. En un sens, je chéris ma liberté, mais en même temps, je me tourmente à propos de mon avenir.

Sous la direction de Catalina, mes dames d'honneur ont joué une petite pièce de théâtre pour célébrer mon anniversaire. Chacune d'entre elles jouait le rôle de l'une des sept vertus cardinales : la Foi, la Charité, la Sagesse, le Courage, la Justice et la Tempérance (étant donné que j'ai seulement six dames d'honneur, Alicia incarnait à la fois la Foi et la Justice). J'ai trouvé la représentation terriblement ennuyeuse, mais, bien entendu, j'ai feint d'être profondément émue.

Ma mère m'a donné, pour mes dévotions privées, un livre d'heures dont le texte – prières et psaumes – a été somptueusement enluminé par des moines.

Ces derniers temps, la « reine veuve » a semblé étonnamment lucide et en possession de sa raison comme jamais, ce dont je suis très heureuse. C'est en de tels moments qu'il nous est possible d'avoir une conversation. Mais quand son esprit s'obscurcit à nouveau, je retombe dans le découragement.

Alfonso, connaissant mon intérêt pour les mouvements des étoiles et des planètes à travers le ciel, m'a offert une carte illustrée du ciel. Quant à Catalina, elle a brodé avec du fil d'or sur une magnifique soie un portrait d'Ève dans le jardin d'Éden. On y voit Ève, une pomme à la main, tandis que le rusé serpent glisse au milieu des feuilles de l'Arbre de la Connaissance. Il me rappelle *El Zorro*, autrement dit Juan Pacheco.

Beatríz, qui n'est pas encore remise de ses couches, m'a fait envoyer une bourse de soie brodée contenant un assortiment d'excellentes plumes d'oie, ainsi qu'un couteau d'argent pour les tailler. Je sais que dans son esprit, ce petit matériel est destiné non seulement à écrire des lettres, mais à noter mes secrets dans ce cahier dont elle est la seule à connaître l'existence. Je le cache dans ma chambre entre le sommier et le matelas, là où il n'a aucune chance d'être découvert sinon par les servantes (y compris Ana) qui, de toute façon, ne savent pas lire et le confondraient sans doute avec un livre de prières.

Arévalo, le 25 avril 1468

J'ai appris aujourd'hui, de la bouche même de l'archevêque Carrillo, que le roi Enrique a reçu plusieurs propositions de mariage pour moi, dont celle d'un Anglais, Richard, duc de Gloucester, frère cadet du roi Edward. Je ne sais rien de lui ni de mes autres prétendants.

Et il y a toujours *El Escorpión*, qui demande à présent que je l'épouse en réparation d'un prétendu affront à sa nièce, la petite princesse Juana. Laquelle, du reste, n'est plus si petite : elle a six ans et, comme j'ai pu le noter lors de notre dernière rencontre, une langue aussi acérée que celle de sa mère ! Imaginez un peu, épouser quelqu'un à titre d'excuse !

Arévalo, le 1er mai 1468

Notre joie à la naissance du bébé de Beatríz a été assombrie par une mauvaise nouvelle : le retour de la Peste noire. Un messager venu de Madrid nous a informés que plusieurs cas de peste avaient été signalés dans différentes villes au sud de la capitale. Plusieurs d'entre elles ont été fermées.

Un vent de frayeur a aussitôt parcouru notre petite ville. À intervalles réguliers, la peste sévit, ravissant de nombreuses existences. Environ un siècle avant ma naissance, ce sont les croisés revenant de leur guerre sainte contre les musulmans qui rapportèrent de Constantinople la Peste noire. Partout en Europe, elle emporta des milliers et des milliers d'hommes, de femmes et d'enfants. Depuis cette époque, il ne s'est rien produit d'aussi terrible, ce dont nous rendons grâces à Dieu. Mais à chaque épidémie, nous craignons le pire.

Il n'y a aucun remède à la maladie. Les médecins juifs eux-mêmes ne savent pas comment la soigner. Les victimes sont en proie à une fièvre ardente agitée de frissons et ne tardent pas à sombrer dans le délire. Puis des grosseurs – qu'on appelle bubons – apparaissent aux aisselles et à l'aine. Enfin, lorsque leur sang infecté coule noir, la mort est toute proche – ce n'est plus qu'une question de jours.

Il n'y a aucune mesure à prendre sinon fermer hermétiquement la ville où la maladie a été signalée et, durant quarante jours, interdire à quiconque d'y pénétrer ou d'en sortir. Le seul et unique recours consiste à prier pour ceux qui en sont prisonniers.

Arévalo, le 6 mai 1468

*I*nquiets comme nous le sommes à propos de la Peste noire, il faut encore que d'autres sortes de soucis nous accablent ! Alfonso continue à perdre petit à petit le soutien des *grandes*.

Rien n'est plus décevant pour lui que la perte de Tolède. Il parle souvent de son désir de la reconquérir, et je lui ai promis de faire tout mon possible pour l'aider. Bien qu'ayant fui la prison dorée d'Enrique, j'ai tenté durant de longs mois de rester neutre dans la guerre entre mes deux frères. Mais le temps est venu pour moi de soutenir ouvertement Alfonso. De toute évidence, il est meilleur chef que son aîné.

Arévalo, le 15 mai 1468

La Peste noire se rapproche de Madrid. Les portes d'Ocaña, ainsi que celles de plusieurs villes à l'ouest, ont été fermées.

Pour l'instant, l'épidémie reste confinée au sud, dans des régions assez éloignées d'Arévalo, et nous ne sommes pas encore trop alarmés.

Arévalo, le 23 mai 1468

Chaque jour apporte de nouveaux avis de décès et de fermeture de villes. Nous offrons quotidiennement des messes pour ceux qui sont morts et ceux qui souffrent, et dans nos prières, nous demandons à Dieu de bien vouloir nous épargner.

Mes dames d'honneur sont effrayées. Je tente de les apaiser, de leur assurer que tout se passera bien pour nous, qu'il suffit de placer notre confiance dans le Seigneur.

Arévalo, le 26 mai 1468

Pour me distraire, je rends chaque jour visite à mon filleul, un bébé potelé au caractère joyeux. Beatríz a bien choisi sa nourrice. C'est une personne gaie, enjouée dont la présence a quelque chose de réconfortant.

Je rends également visite tous les jours à ma mère, qui tantôt s'adresse à moi dans un langage d'une précision parfaite, tantôt me regarde avec des yeux aussi vides que le ciel sans nuages au-dessus de nous et ne semble même pas me reconnaître. De temps à autre, elle consent à ce que je l'emmène dehors pour prendre l'air et échapper ainsi un moment à l'atmosphère confinée et lugubre de sa chambre. Mais elle ne tarde pas à se plaindre que la lumière du soleil lui blesse les yeux ou, s'il s'agit d'une promenade nocturne, qu'il fait trop sombre pour voir quoi que ce soit, aussi nos sorties sont-elles toujours de courte durée. De retour dans ses appartements, elle me demande de jouer du cistre pour elle, bien que cette musique lui arrache des larmes.

Arévalo, le 1ᵉʳ juin 1468

Catalina aime Alfonso. C'est une évidence qui saute aux yeux. Il suffit de voir l'éclat de son regard lorsque mon frère entre dans la chapelle – un regard qu'elle ne peut s'empêcher de garder fixé sur lui jusqu'à son départ. Elle ne m'a pourtant pas dit mot de ses sentiments.

Alfonso a quatorze ans et demi, et chaque jour, il ressemble un peu moins à un garçon et un peu plus à un homme. Il n'a pas encore les épaules bien larges mais il est déjà très grand, et je ne serais pas étonnée si sa taille atteignait un jour celle de notre frère Enrique.

Il a des cheveux blonds très épais et des traits d'une grande finesse. Quelle fille ne tomberait pas amoureuse de lui ! Mais à l'exception, peut-être, d'une tendre et brève idylle, *de loin*, un amour entre le roi Alfonso et Catalina est bien entendu hors de question. Le jour où il se mariera, il ne pourra épouser qu'une jeune fille de sang royal. Et la famille de Catalina n'est pas d'une condition sociale aussi élevée, il s'en faut de beaucoup.

Arévalo, le 7 juin 1468

Alfonso se plaint que les semaines s'écoulent sans lui apporter la moindre nouvelle des mouvements de l'armée d'Enrique. *El Zorro* est de nouveau aux côtés d'Alfonso ! Comment Alfonso et Carrillo peuvent-ils ainsi tolérer Pacheco ? Cela dépasse l'entendement.

Arévalo, le 24 juin 1468

Dans dix jours Alfonso partira pour Ávila où il espère recruter des troupes fraîches. Je l'accompagnerai avec une escorte réduite. Il s'est juré de reconquérir Tolède.

Catalina tient absolument à être du voyage, elle aussi, en dépit de sa difficulté à marcher ! J'ai fait de mon mieux pour la persuader de rester ici, ce qui lui permettrait d'assister Beatríz et le bébé. Par ailleurs, elle pourrait aider Clara à s'occuper de ma mère.

Elle ne tiendra, je le sais, aucun compte de mes paroles. Il faudra qu'Alfonso en personne lui ordonne de rester en arrière.

Arévalo, le 29 juin 1468

Changement de programme : Alfonso et moi, nous partirons dans quelques heures, juste avant le lever du soleil. En voici la raison : une épidémie de peste vient de se déclarer à Arévalo. Plusieurs décès ont déjà été signalés, et le conseil municipal donnera certainement l'ordre de fermer les portes de la ville avant midi.

Clara est atterrée, et Catalina, à qui mon frère a enjoint de demeurer ici, l'est au moins autant. Je me tourmente à leur sujet, mais je crois que si elles restent confinées dans leurs appartements, à l'abri des vents chargés de miasmes, elles ne risquent rien. Je me fais du souci pour Catalina en particulier, car elle a l'air fiévreuse. Il se peut qu'elle soit tout simplement malade d'amour pour mon frère. Elle soupire après lui, alors qu'il ne lui prête pas la moindre attention. Ce m'amuserait si ce n'était aussi triste.

Je dois aller vérifier mes bagages et m'assurer si rien n'y manque, notamment ce cahier qu'il me faut, bien entendu, emporter avec moi. Quant à mon cistre, j'ai décidé de le laisser ici, avec Ana. Elle jouera pour ma mère en mon absence.

Cardeñosa, le 30 juin 1468

Au terme d'un voyage épuisant mais sans encombre, nous sommes arrivés chez l'*alcalde* de Cardeñosa, un village à une bonne heure d'Ávila, qu'il n'a pas été aisé de rallier avant la tombée de la nuit. Ce matin, dans notre hâte à partir, nous n'avons pu entendre la messe, mais l'archevêque Carrillo l'a dite pour nous quand nous avons fait halte sous les arbres pour prendre quelque repos.

Nos hôtes se sont montrés on ne peut plus hospitaliers. L'*alcalde*, ainsi que d'autres citoyens éminents, ont mis à notre disposition leurs plus beaux appartements et nous ont reçus dans les règles de l'art. Après avoir pu nous rafraîchir quelque peu, nous avons vu arriver un souper exquis : une truite farcie d'épices et grillée par les soins du maître de maison en personne. Il se trouve que c'est le plat favori d'Alfonso. Pour ma part, j'étais trop anéantie par la fatigue pour pouvoir prendre autre chose qu'une poignée d'olives et un peu de pain avec du vin coupé d'eau.

Demain, nous poursuivrons notre chemin jusqu'à Ávila.

Cardeñosa, le 1ᵉʳ juillet 1468

Alfonso est tombé malade. Ses serviteurs ont fait irruption dans ma chambre au point du jour en criant qu'ils ne parvenaient pas à le réveiller. J'ai passé à la hâte une robe et me suis ruée dans ses appartements où j'ai trouvé Carrillo et Pacheco à son chevet. Il était étendu sur son lit dans une immobilité parfaite.

– A-t-il de la fièvre ? ai-je demandé.

Personne ne semblait savoir.

– On a appelé un médecin, a dit Pacheco.

Lorsque j'ai posé ma main sur son front, j'ai été surprise de ne pas le trouver brûlant.

– Alfonso ! Alfonso ! lui ai-je murmuré à l'oreille avant d'élever la voix pour enfin crier son nom.

Il n'a pas bougé.

Nous sommes tous tombés à genoux afin de prier sous la direction de l'archevêque Carrillo. Et bientôt, la chambre royale se trouva remplie de suppliants.

Peu de temps après, un médecin est arrivé et nous a ordonné de sortir. J'ai refusé d'obéir, ainsi que l'archevêque et Pacheco. Nous sommes tous les trois restés là à regarder le médecin saigner mon frère aux deux bras afin de tenter d'évacuer le sang impur. Curieusement, pas la moindre goutte de sang ne n'est écoulée de ses veines. Alfonso respirait toujours, les battements de son cœur ne s'étaient pas interrompus, mais il n'y avait pas moyen, semblait-il, de l'arracher à son état de profonde stupeur.

— La peste, ai-je chuchoté à Carrillo. Il est en train de mourir de la peste.

— Peut-être, a marmonné Carrillo. Peut-être s'agit-il aussi de tout autre chose.

Mais de quelle maladie pourrait-il bien s'agir ? Au terme de son examen, le médecin a fini par découvrir que la langue d'Alfonso était devenue noire. Cependant, chose étrange, il n'a constaté la présence d'aucun bubon à l'aine ou aux aisselles.

Quelle que soit la maladie qui a frappé mon très cher frère, nous ne pouvons rien faire d'autre que prier, ce à quoi je m'adonne avec la plus grande ferveur.

Cardeñosa, le 2 juillet 1468

Mon frère ne tient plus à la vie que par un fil. C'est à peine si j'ai quitté son chevet. Tout en contemplant ses traits paisibles, comme figés, je pense à ceux que nous avons laissés à Arévalo – ma mère, Beatríz et sa famille, Catalina, Ana – et je prie aussi pour eux.

Cardeñosa, le 3 juillet 1468

La nouvelle de la maladie mortelle d'Alfonso s'est répandue à travers le royaume. De tous les coins de la Castille et du León arrivent des messages nous assurant que l'on récite jour et nuit des prières pour le rétablissement du jeune roi. Il n'y a pourtant aucun changement.

Cardeñosa, le 4 juillet 1468

Le médecin dit que l'on ne peut plus rien faire pour lui. C'est la volonté de Dieu. La fin est proche. J'essaie de fortifier mon âme pour me préparer au pire. Il m'est impossible d'imaginer ce monde sans Alfonso.

Cardeñosa, le 5 juillet 1468

Cet après-midi, à trois heures, mon frère bien-aimé, Alfonso, roi de Castille et du León, a rendu son âme au Tout-Puissant. Puisse-t-il maintenant reposer en paix.

Ávila, couvent de Santa Ana, le 6 juillet 1468

Je suis encore sous le choc. Moins de trois ou quatre heures après la mort d'Alfonso, son cadavre a été transporté à Arévalo, plus exactement au couvent de San Francisco, *extra-muros*. C'est là que les religieuses le préparent pour l'enterrement. Carrillo et Pacheco n'ont pas voulu m'autoriser à accompagner le corps de mon frère. Au lieu de quoi, ils m'ont transférée au couvent de Santa Ana.

– C'est pour votre protection, doña Isabelle, a insisté l'archevêque Carrillo.

J'ai supposé qu'il voulait dire que j'y serais davantage à l'abri de la Peste noire qu'au château, mais je me trompais.

– Entendez-moi bien, doña Isabelle, a-t-il bientôt précisé, nous voulons vous protéger des *caballeros* d'Enrique. Vous comprenez, n'est-ce pas, que vous êtes à présent l'héritière directe du trône ?

En réalité, je suis trop submergée par le chagrin pour comprendre quoi que ce soit. Je ne sais qu'une chose : j'ai perdu mon frère.

Ávila, le 8 juillet 1468

La peste se répand à travers la contrée, et il est impossible de prédire qui sera touché par la maladie et qui sera épargné. Le bruit court qu'à l'heure même où Alfonso est entré dans le Séjour de Gloire, beaucoup d'autres personnes sont mortes à Arévalo et à Ségovie. Ces âmes défuntes, en particulier les enfants, se trouvent à présent devant le trône de Dieu en la compagnie du roi.

Parmi ces âmes, il y a ma meilleure amie Catalina. J'avais effectivement l'impression qu'elle était souffrante lorsque je lui ai fait mes adieux voilà une semaine. Le jour même où Alfonso a été frappé par les premières atteintes de la peste, écrit Beatríz, Catalina est tombée malade. Elle s'est maintenue encore quelques jours avant de mourir. Se peut-il qu'elle ait su que son bien-aimé était condamné ? Je crois qu'elle aspirait à être avec lui au ciel puisqu'elle ne pouvait vivre avec lui sur la terre.

Je me suis remise à pleurer en apprenant cette nouvelle. Tant de souvenirs me revenaient à la mémoire : ses prières grâce auxquelles j'avais échappé au funeste destin des fiançailles avec Pedro Girón ; le vœu par lequel nous nous étions engagées à faire un pèlerinage à Saragosse si ce projet de mariage échouait. Il faut maintenant que j'effectue ce pèlerinage seule.

Beatríz m'assure qu'Andrés et Rodrigo sont toujours en bonne santé, et que ma mère, qui n'a pas prononcé une seule parole à l'annonce tragique de la mort de mon frère et s'est contentée de verser des larmes silencieuses, se maintient. J'ai l'impression de ne rien faire d'autre que pleurer.

Ávila, le 9 juillet 1468

Sur les instances de l'archevêque Carrillo, j'ai écrit aux *grandes* qui avaient soutenu Alfonso comme roi en leur rappelant que j'étais son héritière légitime. C'est Carrillo qui m'a dicté les paroles suivantes : « Ce qui était dû à mon frère Alfonso m'est maintenant dû. » Après que Carrillo et Pacheco ont ajouté leurs signatures à la mienne, les messagers ont enfourché leurs chevaux pour aller remettre les lettres à leurs destinataires. Je ne suis pas sûre que cette revendication soit légitime, mais Carrillo s'est montré catégorique.

Ávila, le 13 juillet 1468

C'est un grand réconfort pour moi que d'être logée au couvent et de vivre dans la compagnie des religieuses, en particulier de leur vieille abbesse si bienveillante. En de moins sombres temps, j'avais déjà séjourné ici afin de m'initier aux travaux d'aiguille qui n'ont point de secret pour les nonnes. Mais à présent je suis incapable de faire quoi que ce soit sinon réfléchir et prier avec la plus grande ferveur.

Incapable d'envisager sans crainte un avenir très compromis par la mort d'Alfonso, j'implore Dieu de bien vouloir me guider.

Ávila, le 14 juillet 1468

Dieu a entendu mes prières et m'a envoyé la réponse suivante : *La mort d'Alfonso est le signe que la cause des rebelles n'est pas agréable à Dieu. Aussi longtemps qu'Enrique restera en vie, nul autre que lui n'a le droit de porter la couronne.*

Ávila, le 15 juillet 1468

Je venais d'achever mes prières du matin – tirées du livre d'heures – quand la vieille abbesse a fait son apparition dans ma chambre.

– Doña Isabelle ! Vous avez des visiteurs ! L'archevêque Carrillo et sa suite vous attendent.

Vêtue de la longue robe de laine blanche que je dois porter pendant tout le premier mois de deuil, je suivis l'abbesse dans un corridor lugubre où elle s'engagea en boitillant. À l'autre bout de ce corridor, il y avait une grille de fer forgé qui séparait le cloître du monde extérieur. De l'autre côté de la grille se tenait l'archevêque dans ses somptueux atours de soie et de velours, escorté par des douzaines de chevaliers richement vêtus.

J'avançai jusqu'à la grille. Dès qu'ils me virent, Carrillo et les *caballeros* tombèrent à genoux.

– Doña Isabelle, déclara l'archevêque d'un air grave, nous avons une humble requête à vous présenter : consentez-vous à monter sur le trône rebelle à la place de feu votre frère et à devenir la reine Isabelle de Castille et du León ?

Je me sentais investie par Dieu d'une force et d'une certitude toutes neuves et j'avais ma réponse toute prête. Je commençai par les remercier. Après quoi j'ajoutai, la voix légèrement tremblante :

– Dieu souhaite que je sois non la rivale d'Enrique, mais son héritière. J'en suis si convaincue que j'ai écrit à mon frère en ce sens.

L'archevêque Carrillo recula comme si je l'avais frappé. L'espace d'un instant, il parut incapable de prendre la parole. Puis il se ressaisit.

– Est-il possible que le chagrin vous ait fait perdre la raison ? demanda-t-il d'un ton incrédule.

– Soyez assuré du contraire, monseigneur, répliquai-je. Mon esprit est parfaitement sain.

Carrillo se leva et s'approcha de la grille de fer forgé – haute silhouette d'où émanait une grande autorité. Son visage s'était empourpré.

– Pendant quatre années fort difficiles, votre frère, ses partisans et moi, nous nous sommes battus pour défendre la cause rebelle, et à ce combat acharné vous voudriez aussi facilement mettre un terme ? Est-ce bien ce que je dois comprendre, doña Isabelle ?

Bien qu'il parlât d'une voix ferme, je pouvais sentir percer la colère sous la courtoisie des paroles.

– C'est aux troubles du royaume que je voudrais mettre fin. Je ne souhaite rien d'autre que la paix.

L'archevêque empoigna la grille. Nous étions face à face, à peine séparés par quelques pouces.

– Doña Isabelle, reprit-il sur un tout autre ton comme pour m'amadouer, le roi Juan d'Aragón m'a chargé de vous transmettre le message suivant : si vous consentez à épouser le prince, il soutiendra la cause rebelle.

Je sentis mon cœur se déchirer en deux. J'aimerais, certes, épouser Fernando, mais je ne puis pas (plus) appuyer les insurgés. Derrière moi, j'entendais s'entrechoquer les grains de bois du rosaire de l'abbesse qui arpentait nerveusement le parloir.

– J'ai promis à Enrique que je ne m'opposerais pas à lui, répondis-je. Je serai son héritière, non sa rivale.

– Vous le serez en effet, à condition que le roi Enrique ne décide pas de choisir pour héritière la petite princesse Juana plutôt que vous, doña Isabelle, répliqua l'archevêque d'un ton cassant. Il se peut alors que vous regrettiez de n'avoir tenu aucun compte de mes conseils.

– Pardonnez-moi, monseigneur, dis-je en le regardant avec fermeté.

L'archevêque s'inclina. Après quoi, il remonta à cheval et s'en alla, suivi de ses *caballeros*, tandis que je me retirais dans ma chambre et tombais à genoux pour prier encore et encore.

Ávila, le 30 juillet 1468

*P*auvre Enrique ! Je ne puis m'empêcher d'éprouver de la compassion pour lui ! Le sort semble s'acharner sur mon frère.

Il y a un peu plus d'un an, il avait envoyé la reine Juana vivre à Coca, dans le château de monseigneur Fonseca. Et voilà qu'elle est tombée amoureuse du neveu de Fonseca ! Le bruit court qu'elle attend un enfant de lui. Aussi est-elle en disgrâce. D'après Carrillo – dont je tiens toutes ces informations –, Enrique lui aurait même tourné le dos, allant jusqu'à déclarer officiellement que son mariage avec elle n'était pas et n'avait jamais été légitime. Est-ce donc la fin de la reine Juana ?

Ávila, le 3 août 1468

Autres échos, autres histoires qui courent.

« Enrique est disposé à faire de vous son héritière, dit Carrillo. Suite à la divulgation du déshonneur de la reine, il circule à nouveau des rumeurs prêtant à la princesse Juana un autre père qu'Enrique. Dans ces conditions, le peuple de Castille ne l'acceptera jamais comme reine. C'est *vous* qu'il veut voir monter sur le trône, doña Isabelle. »

Ávila, le 5 août 1468

J'ai quitté le couvent et les commodités offertes par les bonnes religieuses pour le château royal d'Ávila. Il fait si chaud que je manque d'énergie pour entreprendre quoi que ce soit. J'avais pensé à me remettre au dessin, mais mes dames d'honneur m'ont discrètement laissé entendre qu'elles préfèrent bouger le moins possible. Rien ne les ravit autant que de boire de l'eau parfumée à la fraise ou de s'éventer. Pour tout avouer, c'est aussi mon cas. Dessiner me rappelle par trop Catalina et ne fait que me briser le cœur.

Ávila, le 7 août 1468

*V*isites d'*El Zorro* et d'*El Toro*. Tous deux m'amuseraient s'ils ne m'irritaient autant.

Ce fut d'abord Pacheco. Il s'en allait à Madrid où il devait rencontrer Enrique pour négocier un traité de paix entre les rebelles et les fidèles partisans du roi Enrique.

Avant son départ, *El Zorro* se pencha vers moi pour me dire à voix basse :

– Permettez-moi de vous donner un conseil, doña Isabelle : ne prêtez aucune attention aux conseils de Carrillo. Son principal objectif est d'accroître son propre pouvoir.

El Zorro espérait-il donc me faire accroire que ses intérêts à lui étaient d'un tout autre ordre ? Vif fut mon soulagement en voyant « le Renard » partir à cheval !

Moins d'un jour plus tard, je reçus une nouvelle visite – d'*El Toro*, cette fois.

– Méfiez-vous de Pacheco, m'avertit Carrillo en agitant son index sous mon nez. Il est absolument indigne de confiance. On ne peut jamais savoir avec certitude dans quel camp il se trouve.

Ávila, le 13 août 1468

Pendant près d'une semaine, je n'ai reçu aucune visite. *El Toro*, *El Zorro* et tous les autres ont quitté le château pour aller mettre au point le traité de paix avec le roi Enrique. Je n'ai pas été consultée. On ne m'a pas demandé mon opinion. Je suis donc dans l'expectative.

J'ai reçu plusieurs lettres de Beatríz, relatant les progrès de mon filleul, Rodrigo.

« J'attends avec impatience, écrit-elle, le jour où vous goûterez à votre tour le bonheur que seule la naissance d'un enfant peut donner. Mais avant toute chose, il faut que nous vous trouvions *l'époux* idéal ! »

J'ai aussitôt pris ma plume pour lui répondre, mais une telle mélancolie s'empare de moi lorsque je songe aux bouleversements de ma vie que j'ai été incapable de trouver quelque chose à dire.

Ávila, le 18 août 1468

Le traité est négocié. D'ici un mois, je rencontrerai le roi Enrique et sa suite pour le ratifier et signer les documents en un lieu appelé Toros de Guisando. Il porte ce nom en souvenir des quatre taureaux sculptés dans la pierre qui y montent la garde depuis des siècles et des siècles. Voilà plus d'un an que je n'ai pas vu mon frère. Je ne sais donc point à quelle réaction m'attendre de sa part.

Je me souviens d'une époque où nous étions sinon proches, du moins unis par une certaine affection. Mais cette cordialité de bon aloi paraît avoir fondu comme la neige sous une averse, et depuis quelque temps, nos relations semblent être sous le signe de la froideur.

Ávila, le 17 septembre 1468

Voilà des jours et des jours que je dors à peine et que je me nourris fort peu. Demain, je dois rencontrer le roi Enrique. Je porterai une nouvelle robe en velours coupé couleur d'ambre avec une mante de damas vert sombre et monterai une mule noire dont le tapis de selle et le harnachement seront en velours noir orné d'or et d'argent. Pour faire honneur à mon rang de future reine, l'archevêque marchera auprès de moi en tenant les rênes d'or. Les évêques des deux villes qui me soutiennent nous encadreront à cheval. Enfin, deux cents *caballeros* se masseront derrière nous.

J'essaie de ne pas montrer ma nervosité et prie pour que tout se passe bien.

Ávila, le 19 septembre 1468

Les cérémonies sont terminées, tout s'est bien passé. Reste à voir ce que l'avenir nous réserve.

Comparée à celle du roi Enrique, mon escorte faisait bien modeste figure. C'est avec pas moins de mille trois cents cavaliers que mon frère fit son apparition, au son retentissant des trompettes et des cuivres, dans le champ ouvert *extra-muros*!

El Zorro, suivi des évêques et de plusieurs douzaines de *grandes* et de simples nobles, trottait à son côté. Parmi eux se trouvait Andrés de Cabrera, l'époux de ma chère Beatríz. L'une des raisons pour lesquelles je souhaitais aussi ardemment conclure ce traité de paix avec mon frère est que je ne puis supporter de voir des membres d'une même famille ou des amis séparés par la guerre civile.

Après avoir mis pied à terre, je m'avançai vers Enrique, les jambes tremblantes, et me penchai pour lui baiser la main, non sans noter que les habits du roi, aussi ternes qu'à l'ordinaire, faisaient tache au milieu de toute cette splendeur. À ma grande surprise, Enrique m'écarta d'un geste de la main et me sourit comme un frère peut sourire à sa sœur. Je fus profondément touchée qu'aucun protocole ne nous séparât à cet instant précis. Il est vrai que le roi n'a jamais aimé les cérémonies.

Mais ce Carrillo, quel homme obstiné il peut être ! Il refusa de baiser la main du roi. Très embarrassée, je lui chuchotai :

– Monseigneur, veuillez honorer le roi, je vous prie, ne serait-ce que par bonté pour moi.

Alors, d'une voix tonnante que toute l'assemblée put entendre, il s'écria :

– Je ne baiserai pas la main du roi avant qu'il ait juré de faire de vous sa seule et unique héritière.

Je fus scandalisée – et l'assistance entière avec moi ! Mais Enrique, lui, ne parut pas remarquer l'insulte, ou s'il la remarqua, il n'en fut pas contrarié, ou s'il le fut, n'en laissa rien paraître. Nous nous dirigeâmes tous vers une tente de soie que l'on avait dressée au milieu du champ. Sur une table à l'intérieur de la tente étaient disposés les documents qui n'attendaient plus que d'être signés.

Je promettais de respecter Enrique en tant que roi, seigneur et souverain.

Enrique, de son côté, s'engageait solennellement à faire de moi, au lieu de la petite princesse Juana, l'héritière de la couronne de Castille et León, annulant ainsi la promesse qu'il avait faite à la reine Juana.

Après quoi, il promettait de me donner plusieurs villes et, avec ces villes, la jouissance de leurs taxes et impôts. Je dois même recevoir la cité de Madrid, mais dans un an seulement, afin qu'Enrique puisse s'assurer que je tiens mes propres engagements.

Enfin – et c'était là sa quatrième promesse –, il ne pouvait m'obliger à me marier contre ma volonté, et en échange, j'acceptais de ne pas me marier sans son approbation.

La cérémonie se poursuivit ainsi pendant des heures. Enrique me fit prêter serment en tant que princesse des Asturies (titre dont s'était parée jusque-là la petite princesse) et future reine de Castille et León. Les représentants du clergé, de la noblesse et du peuple s'avancèrent tous vers moi pour s'incliner et me baiser la main à trois reprises, en signe d'allégeance. L'émissaire papal prononça une bénédiction, trompettes et clairons retentirent, vivats et hourras éclatèrent, et Carrillo finit par s'incliner à son tour pour baiser la main d'Enrique. Quant au roi, montrant ce qu'il était, il écarta l'archevêque d'un geste et lui sourit.

Ainsi la grande journée que j'avais tant redoutée se termina-t-elle le mieux du monde. Puisse cet état de grâce se prolonger – je l'espère de tout cœur !

Cadalso de la Vidrios, le 20 septembre 1468

Nous sommes au camp d'Enrique pour fêter la fin de la guerre civile. Voilà bien longtemps que je n'aie vu mon frère dans des circonstances aussi joyeuses. Tandis qu'un bœuf entier est en train de rôtir sur une énorme broche, des ménestrels se promènent au milieu de la foule. Les gens me prient de les rejoindre pour partager leurs chants et leurs danses, ce que je fais volontiers. Tout se passe comme si les sombres temps que nous venons de vivre appartenaient déjà au passé.

À dire vrai, d'aucuns ne participent pas à la liesse générale. Ainsi, l'archevêque Carrillo, manifestement fatigué et découragé, qui, hier, après la cérémonie, annonça qu'il s'en retournait dans son domaine de Yepes, au sud de Madrid. En me quittant, il me lança un sévère avertissement :

– Je doute fort que le roi Enrique tienne ses promesses. À la première occasion, il annulera ce traité pour déclarer derechef que la petite princesse Juana est sa véritable héritière.

– Vous vous trompez, répliquai-je d'une voix ferme. Mon frère a prêté serment.

L'archevêque haussa les épaules.

– Je sais que vous ne me croyez pas, doña Isabelle. Mais l'avenir vous montrera que j'avais raison. Quoi qu'il en soit, poursuivit-il d'un ton las, il faut que vous compreniez qu'il est pour vous de la plus haute importance de prendre un époux. Le plus tôt sera le mieux.

– Et avec qui donc devrais-je me marier, monseigneur ? m'enquis-je pour le taquiner, car je connaissais d'avance sa réponse.

– Le prince Fernando, répondit-il sans la moindre hésitation.

Ocaña, le 1ᵉʳ octobre 1468

Sur l'ordre d'Enrique, je me suis à nouveau déplacée pour m'installer cette fois à Ocaña, au sud de Madrid, sur l'autre rive du Tage. Je n'ai pas osé protester, car c'est dans cette ville qu'Enrique, qui s'est engagé à sommer les *grandes* de me reconnaître officiellement pour son héritière, a transféré sa cour.

J'ai donc dû quitter Arévalo et faire mes adieux à ma mère bien-aimée ainsi qu'à Ana pour qui elle s'est prise d'une tendre affection. Ana joue du cistre à son intention, et il arrive parfois qu'elle nous confonde, Ana et moi.

Au moins Clara, ma vieille nourrice, est-elle restée à mes côtés. C'est d'ailleurs dans le ravissant palais du neveu de son époux, Gutierre de Cárdenas, que nous résidons. Leonora, la femme de Gutierre, est devenue l'une de mes dames d'honneur. Intelligente et spirituelle en diable, elle me rappelle Beatríz. Quant à l'aimable et astucieux Cárdenas, il a beau multiplier courbettes et sourires et feindre d'être loyal à Enrique, c'est un rebelle dans l'âme qui n'aspire qu'à voir mon frère détrôné.

Nous ne sommes qu'à une demi-journée de voyage du domaine de Yepes, le fief de l'archevêque Carrillo, mais *El Toro*, fort affligé de ce que je n'aie pas suivi ses conseils, n'est pas venu me rendre visite.

Ocaña, le 9 octobre 1468

C'est là l'œuvre de Pacheco ! Il a placé autour de moi quantité d'espions. Il s'agit en réalité de serviteurs du palais qu'il a soudoyés : le garde en faction devant la grille du palais, la servante chargée de vider poubelles et seaux de toilette, l'aide du préposé au découpage de la viande et sans doute bien d'autres encore.

Clara partage mon opinion.

– Faites confiance à Carrillo, ajoute-t-elle. J'ai appris de mes serviteurs que l'archevêque, lui aussi, a placé des espions dans le palais de mon neveu. Les espions espionnent les espions !

Il y a tout juste trois semaines, mon frère et moi, nous avons signé un traité de paix à Toros de Guisando, mais les luttes intestines entre les deux partis n'ont pas cessé pour autant : elles se poursuivent en secret, prêtes à refaire surface à tout moment.

Ocaña, le 25 octobre 1468

Quel branle-bas au palais ! Ce matin, un serviteur a trouvé clouée à la grand-porte une pancarte sur laquelle il était écrit : « Le traité de Toros de Guisando est illégal. La princesse Juana est l'héritière légitime du roi Enrique. N. B. : Cet avis a été placardé dans tout le royaume. » J'ai envoyé sur-le-champ un message à Enrique, mais le roi était parti à la chasse, laissant à Pacheco le soin de régler les affaires courantes.

Ocaña, le 30 octobre 1468

Je sais maintenant qui se cache derrière l'avis placardé sur la grand-porte du palais : la reine Juana ! L'histoire a voyagé tant de fois de bouche à oreille qu'il se peut qu'elle soit en partie fausse. Mais avec la reine Juana, tout est possible. Voici l'histoire en question :

Lorsque la reine entendit parler du traité, elle piqua l'une de ses célèbres crises de colère. Bien qu'elle se trouvât dans une position intéressante, elle recourut à un moyen fort audacieux pour s'échapper du château de monseigneur Fonseca. À quelques semaines de la naissance de son enfant, elle demanda à ses servantes de la faire descendre par la fenêtre au moyen d'un panier. Les cordes se rompirent, et le panier alla s'écraser au sol, mais la reine, qui s'était tirée indemne de l'aventure, courut chercher refuge chez un noble favorable à sa cause. C'est à ce *grande* et à ses amis qu'il faut imputer la responsabilité de l'écriteau.

Le rusé Pacheco me dit de ne pas m'inquiéter. Il a un plan mais refuse de le divulguer pour l'instant.

Ocaña, le 2 novembre 1468

Je suis si colère que je puis à peine tenir ma plume.
Voici donc le fameux plan de Pacheco :
Premier point : je vais épouser *El Escorpión*.
Second point : la princesse Juana va épouser le fils d'*El Escorpión*, le prince João de Portugal.

Si j'ai un enfant mâle, mon fils héritera du trône. Mais si je n'en ai point et si, au contraire, la princesse Juana met au monde un garçon, alors c'est *son* fils qui deviendra le prochain roi de Castille.

Soit dit en passant, il est un détail d'importance que le rusé *El Zorro* s'est bien gardé de mentionner : me marier au roi portugais lui permet de marier tranquillement son laideron de fille à Fernando.

– Le roi Enrique a approuvé mon plan, a conclu Pacheco en s'inclinant profondément. Sur son ordre, j'ai écrit au roi de Portugal pour l'entretenir de l'intérêt que vous portez à ce mariage. Je l'ai pressé d'envoyer ses ambassadeurs ici dès que possible pour régler l'affaire. Je suis sûr, a-t-il ajouté avec un sourire hypocrite qui dévoilait ses petites dents de renard, que ma princesse sera heureuse de savoir définitivement résolue cette affaire de la plus haute importance pour son avenir.

Je n'avais qu'une envie : le gifler.

Ainsi, je le vois bien à présent, l'archevêque Carrillo avait raison depuis le début. Toutes ses prédictions se sont réalisées.

À peine le misérable *El Zorro* a-t-il eu pris congé que j'ai envoyé un message urgent à l'archevêque, le priant humblement de bien vouloir me pardonner et de m'accor-der un rendez-vous.

Ocaña, le 12 novembre 1468

*L'*affection grandissante qui, croyais-je, nous unissait mon frère et moi il y a encore deux mois a tourné à l'aigre. Il ne m'a pas cédé les villes qu'il s'était engagé à me donner. Or, sans les taxes et impôts de ces cités, je ne dispose pas de l'argent nécessaire pour diriger ma propre maisonnée, engager des servantes ou entreprendre aucune des choses que j'ai qualité pour faire en tant que princesse des Asturies. Aussi ce titre n'a-t-il aucune signification.

Et il faut maintenant qu'il manque à sa quatrième promesse en voulant me forcer en définitive à épouser *El Escorpión*. Mais je suis farouchement déterminée à ne pas l'épouser, fût-ce au mépris des ordres du roi.

Oh, je vois que j'ai grand besoin des conseils de Carrillo ! Et tant pis si l'archevêque déclare : « Je vous l'avais bien dit ! »

Ocaña, le 17 novembre 1468

*L*eonora, qui tient elle-même cette nouvelle de son époux Cárdenas, m'a appris que la reine Juana avait mis au monde un garçon qui n'est pas le fils d'Enrique (ce serait donc son second enfant adultérin, si du moins les rumeurs concernant *La Beltraneja* sont fondées). En outre, avec ses revendications scandaleuses, la reine est parvenue à exaspérer tout un chacun, y compris les nobles seigneurs qui la soutenaient. Il ne reste plus personne dans son camp, et le stupide projet de mariage d'*El Zorro* est annulé : la princesse Juana n'épousera pas le prince João de Portugal.

Ocaña, le 29 novembre 1468

*I*l se peut que le second volet du plan de Pacheco – celui qui concerne la petite princesse – ait échoué. Reste que l'ambassadeur du Portugal et l'évêque de Lisbonne viennent d'arriver et qu'ils ont pour mission d'arranger mes fiançailles avec *El Escorpión*. Et voilà que, presque au même moment, l'ambassadeur d'Aragón se présente pour demander ma main au nom du prince Fernando ! Trop, c'est trop !

Monseigneur Carrillo, informé de ces événements par ses espions, m'a envoyé un message libellé avec la plus grande prudence par lequel il m'invite, si je comprends bien, à venir lui rendre visite. Leonora est en train de faire le nécessaire pour que je puisse voyager sous un déguisement. Je partirai donc pour Yepes dès qu'elle m'aura assuré que tout est en ordre. Cette fois, je suivrai scrupuleusement tous les conseils de l'archevêque.

Yepes, château de monseigneur Carrillo, le 6 décembre 1468

Une petite bise pénétrante soufflait déjà quand, travestis en ménestrels (j'avais emprunté un cistre à Leonora), mes gens et moi quittâmes de grand matin Ocaña pour Yepes. La neige ne tarda pas à tourbillonner à gros flocons autour de nous. Et lorsque nous arrivâmes enfin devant la grand-porte de la sévère forteresse, nous étions glacés jusqu'aux os et dans l'incapacité d'émettre le moindre son.

L'archevêque me salua le plus cordialement du monde, comme s'il n'y avait jamais eu la moindre dissension entre nous, avant de me conduire dans sa vaste bibliothèque.

Accroché sur un mur, il y avait un portrait de monseigneur Carrillo dans les magnifiques vêtements de cérémonie de l'archevêque, une mitre ornée de pierreries sur la tête et une énorme croix d'or à la main. Près du portrait, on pouvait voir la véritable croix. Tandis que je tentais de me réchauffer devant un brasero en cuivre rempli de charbons ardents, Carrillo envoya chercher une grosse cruche de vin chaud épicé.

Je n'attendis pas que l'on eût apporté le vin pour commencer à m'épancher.

– Vous aviez raison, monseigneur, confessai-je. Vous aviez raison depuis le début en ce qui concerne Enrique et les promesses solennelles qu'il a faites à Toros de Guisando. Il a rompu tous ses engagements.

L'archevêque me prit la main.

– Je suis au regret de vous dire, doña Isabelle, que je n'ai jamais eu confiance dans le roi, et certainement encore moins aujourd'hui qu'à Toros de Guisando. Nous devons faire tout notre possible pour veiller à ce que vous soyez reconnue comme l'authentique, la seule et unique héritière du trône.

J'avais envie de pleurer mais je luttai pour ne pas montrer que j'étais susceptible de céder à ce qu'on appelle la « faiblesse féminine ».

– Que dois-je faire ? demandai-je.

– Nous en parlerons demain, répondit Carrillo, après que vous vous serez restaurée et que vous aurez pris une bonne nuit de repos.

Yepes, le 7 décembre 1468

La tempête continue de faire rage autour de nous, et nous sommes dans l'impossibilité de retourner à Ocaña avant qu'elle s'apaise. Ce matin, l'archevêque m'a de nouveau invitée à venir dans sa bibliothèque. Je m'attendais à une discussion au sujet de mes fiançailles avec Fernando, mais l'archevêque avait tout autre chose en tête. Une leçon de géographie !

Étalée sur sa table, il y avait une carte.

– Je suis en train d'étudier le monde, commenta-t-il avec un sourire. Regardez, doña Isabelle. À l'est, l'immensité de l'Asie d'où viennent ces épices que vous appréciez tant ! Au sud, le pays des Maures et l'Afrique dont votre prétendant, le roi de Portugal, nous rapporte de l'or. À l'ouest, la mer océane. Et au-delà, la *terra incognita*, les terres inconnues.

– Pensez-vous vraiment qu'il existe des terres de l'autre côté de l'océan ? demandai-je d'un ton sceptique.

– Oui, je le pense. À mon avis, c'est même la volonté de Dieu que nous découvrions ces terres pour les revendiquer en Son nom. Or, pierres précieuses, trésors qui passent l'imagination ! Et toutes ces âmes qui n'ont encore jamais entendu la parole de Dieu ! Il n'est besoin que d'un navire ou deux et d'une poignée de marins assez courageux pour tenter l'aventure. Et imaginez un peu, doña Isabelle : le monde n'est pas plat, à l'image de cette carte, mais rond comme une boule.

Sur ce, l'archevêque prit une grenade dans une grande jatte posée sur la table. Après quoi, s'emparant d'une plume qu'il plongea dans un encrier, il se mit à graver quelque chose sur la peau coriace du fruit. Je l'observai avec curiosité.

– Voici la Castille, dit-il en plantant sa plume à un endroit précis, et voilà la mer océane. Et *ici*, ajouta-t-il en faisant tourner la grenade dans sa main, c'est un autre monde !

Les paroles de l'archevêque n'avaient aucun sens pour moi.

– J'ai pourtant toujours entendu dire que la terre était plate, protestai-je.

– Aucun savant ne le croit plus. La terre est ronde comme cette grenade. Un navire qui fait voile dans la direction du soleil couchant ne peut manquer d'atteindre l'Orient un jour ou l'autre.

Et il m'en fit la démonstration à l'aide de sa plume.

– Si j'étais plus jeune, doña Isabelle, poursuivit-il, je m'efforcerais de le prouver par un moyen ou par un autre. Peut-être ce sujet retiendra-t-il davantage votre attention quand vous serez reine.

– C'est possible, répliquai-je, mais je ne deviendrai jamais reine si nous ne résolvons pas le problème de mon mariage en trouvant l'époux qu'il me faut.

– Alors suivez mon conseil, déclara-t-il d'un ton ferme tout en replaçant la grenade tachée d'encre dans la jatte. Retournez à Ocaña. Soyez courtoise et souriante, voire flatteuse, feignez de consentir, mais ne promettez rien. Pendant ce temps, je chercherai une solution pour que vous puissiez épouser Fernando. Et à présent, doña Isabelle, que diriez-vous d'une bonne partie d'échecs ?

Avant que la tempête n'eût pris fin, il avait gagné la première manche, et j'avais gagné la seconde. Quant à la belle, ce fut match nul.

Ocaña, le 9 décembre 1468

*T*out est si blanc, si pur ! Aujourd'hui, durant notre voyage de retour, la beauté du monde – un monde métamorphosé par la neige qui faisait ployer les branches des arbres, recouvrait murailles et tourelles – m'a tant émerveillée que j'ai résolu de reprendre mes plumes et mon encre pour dessiner la glorieuse création de Dieu.

Ocaña, le 11 décembre 1468

*L'*été dernier, quand je souhaitais aller dehors pour dessiner sur le vif, mes dames d'honneur se plaignaient de la chaleur. Et il faut à présent qu'elles se fassent excuser sous le prétexte du froid ! Toutes, à l'exception de Leonora, la chère âme, qui, une fois bien emmitouflée, semble heureuse de sortir respirer l'air étincelant de l'hiver et d'échapper ainsi un moment à l'atmosphère confinée du palais.

Mes croquis, hélas, sont lamentables, pitoyables ! J'en impute la responsabilité à la gaucherie de mes doigts engourdis par le froid. Leonora les admire ou feint de les admirer, car elle me suggère d'attendre le printemps pour continuer à dessiner.

Ocaña, le 16 décembre 1468

Hier soir, j'ai reçu la visite secrète de l'ambassadeur du roi Juan d'Aragón, Pierres de Peralta.

Il s'agissait d'une mission dangereuse. Il avait attendu sur la rive opposée du fleuve jusqu'à ce qu'il puisse passer à la faveur de l'obscurité. Après quoi, il s'en était fallu de peu que sa frêle embarcation ne fût emportée par le courant très rapide. L'époux de Clara, Gonzalo Chacón, et son neveu, Cárdenas, venus à la rencontre de l'ambassadeur sur la berge, le conduisirent au palais. Ils parvinrent à lui faire traverser clandestinement la cour d'honneur, puis à le faire monter, toujours clandestinement, à l'étage et à l'introduire dans mes appartements où brûlait une seule et unique chandelle. Je l'attendais, cachée derrière des rideaux soigneusement tirés.

L'ambassadeur, trempé jusqu'aux os et tremblant de froid, me baisa la main. Clara lui apporta une couverture, et, prenant place autour d'une petite table, nous engageâmes une conversation à voix basse.

– Très estimée princesse Isabelle, commença Peralta, désirez-vous épouser Fernando, prince d'Aragón et roi de Sicile ?

– Oui, je le désire, monsieur l'ambassadeur, répondis-je. Il faut que ce soit le prince Fernando, et nul autre que lui.

– En ce cas, soyez assurée, noble dame, que moi-même et vos amis les plus dignes de confiance (par ces mots il entendait Carrillo, Cárdenas et Chacón), nous ferons tout ce qui est en notre pouvoir pour arranger vos fiançailles avec le prince Fernando.

Je le remerciai chaleureusement pour la peine qu'il s'était donnée.

– Entre-temps, doña Isabelle, poursuivit-il, vous devez continuer à vous comporter avec l'ambassadeur du Portugal et l'évêque de Lisbonne comme si vous envisagiez sérieusement d'épouser leur roi.

Sur ce, mes visiteurs disparurent aussi silencieusement qu'ils étaient venus.

Demain, je monterai sur la scène. Jamais encore je ne me suis trouvée dans l'obligation de jouer un tel rôle.

Ocaña, le 21 décembre 1468

Chaque matin, je revêts une robe de velours, relève mes cheveux pour les emprisonner dans une résille d'or et me prépare à sourire aimablement à l'ambassadeur du Portugal et à son évêque. En réalité, sous ces dehors amènes, je bous de rage. Je dois même me retenir pour ne point crier. Dieu merci, je suis devenue une grande actrice, et c'est bien là ce qui me surprend le plus.

Et tout cela pour parvenir à épouser un homme dont je ne sais toujours quasiment rien !

Ocaña, le 24 décembre 1468

Le temps de l'Avent touchant à sa fin, Leonora est occupée à préparer un grand festin en l'honneur de la naissance de Jésus. C'est notre dernier jour maigre avant le carême.

Les Portugais sont toujours ici. Selon Leonora, ils s'impatientent et sont las d'attendre ma réponse.

– Mon époux, ajoute Leonora en riant, leur explique que les jeunes filles de Castille sont réservées et laissent à leurs aînés le soin de prendre une décision concernant leur mariage.

– N'est-ce pas la vérité ? dis-je en l'accompagnant dans les cuisines du palais afin d'inspecter le sanglier mis à rôtir pour le banquet de Noël. N'avez-vous pas vous-même attendu que votre père vous choisît un époux ?

– C'est effectivement ce qu'il s'est imaginé. En réalité, j'étais déjà décidée à me marier avec Gutierre.

Quand elle s'exprime avec cette liberté, Leonora me rappelle Beatríz.

Ocaña, le 25 décembre 1468

L'archevêque Carrillo est venu dire la messe en l'honneur de la fête de la Nativité, et le roi Enrique s'est joint à nous pour l'occasion. Nous avons célébré Noël par un grand banquet, des chants et des danses, comme si rien n'était en train de se tramer, comme si les choses suivaient leur cours habituel. Pendant cette journée au moins, nous avons paru aussi proches qu'un frère et une sœur devraient l'être. Voilà que je me laisse aller de nouveau à rêver et à espérer une réconciliation totale – je ne puis m'en empêcher.

Ocaña, le 28 décembre 1468

Tout va mal, mal, mal ! Et quels espions puis-je rendre responsables de cet état de choses ?

Enrique, qui a appris, Dieu sait comment, mon intention d'épouser Fernando, a envoyé un de ses hommes me menacer d'emprisonnement si je ne le laissais pas choisir lui-même mon époux. Ensuite, il a invité les émissaires portugais à rentrer à Lisbonne en m'emmenant avec eux. C'était, selon lui, la meilleure solution.

Pour finir, Enrique a juré qu'il me ferait enfermer dans le château de Madrid, si je continuais à le défier ainsi, mais il s'est bien gardé d'aller jusque-là, sachant que Carrillo ne manquerait pas alors d'envoyer des troupes à mon secours.

Ocaña, le 6 janvier 1469, jour de l'Épiphanie

Les émissaires portugais ont fini par renoncer à m'emmener avec eux et sont rentrés dans leur pays *sans moi*.

Je me tourmente jour et nuit, notamment à propos de ma décision de défier le roi Enrique.

Et surtout, j'éprouve un vif chagrin en pensant à mon frère Alfonso. Comment oublier que l'an dernier, à Arévalo, il a célébré avec nous la fête des Rois mages ? Il m'avait offert à cette occasion un rosaire aux grains d'ivoire, dont je n'ai pas cessé, depuis, de me servir un seul jour. Il s'en est allé à présent, et ma vie a changé bien plus que je n'aurais pu l'imaginer.

Ocaña, le 13 février 1469

Les documents des fiançailles ont été signés. Je vais épouser Fernando. La chose est officielle, bien qu'encore secrète.

Avant de quitter mes appartements pour reprendre le chemin du château de Carrillo, l'ambassadeur d'Aragón me demanda d'écrire au prince Fernando une lettre qu'il emporterait avec lui à Saragosse. Consciente que ma missive pouvait tomber entre les mains d'espions, je pris garde de choisir avec le plus grand soin les termes de cette première lettre à mon futur époux :

« À mon seigneur, le roi de Sicile, écrivis-je. Attendu que l'ambassadeur part pour Saragosse, il ne m'est pas nécessaire de vous écrire plus amplement, sinon pour vous prier de bien vouloir excuser le grand retard avec lequel je vous réponds. Vous en comprendrez bientôt la raison. De la main de celle qui agira selon vos ordres, quels qu'ils soient », ajoutai-je après un instant d'hésitation. Et je signai : « La princesse. »

Après avoir glissé la missive dans les replis de sa cape et pris congé de moi, l'ambassadeur Pierres de Peralta sortit pour s'enfoncer dans la nuit noire. Dès le lendemain, il s'en retournerait en Aragón.

Je ne peux plus rien faire si ce n'est attendre.

Ocaña, le 6 mars 1469

J'attends toujours. Aucune nouvelle ne m'est encore parvenue d'Aragón.

Je suis en train de broder une petite image sainte pour fêter l'anniversaire de baptême de mon neveu, Rodrigo, qui aura un an dans quelques semaines. Beatríz m'écrit que c'est un enfant heureux de vivre et en excellente santé et qu'il commence à faire ses premiers pas. J'aspire tant au moment où je pourrai, à mon tour, faire part à mon amie de nouvelles aussi joyeuses !

Ocaña, le 8 avril 1469

*D*ans deux semaines exactement je fêterai mes dix-huit ans. Le temps s'écoule avec une lenteur désespérante. Je suis lasse, très lasse de savoir mes moindres faits et gestes épiés et rapportés à *El Zorro*, lequel à son tour les rapporte à Enrique.

Ocaña, le 22 avril 1469

*B*eatríz m'a rendu visite en l'honneur de mon anniversaire. Rodrigo faisait ses premiers pas au côté de sa mère. Dès qu'il m'a aperçue, il a tendu ses petits bras potelés vers moi en souriant. Il est impossible de lui résister.

J'hésitai d'abord à entretenir ma chère amie de mes projets de mariage, car son époux est un des compagnons les plus proches d'Enrique. Puis, confiante que sa loyauté envers moi scellerait ses lèvres, je finis par m'y décider.

– Écrivez-vous toujours dans votre cahier ? me demanda-t-elle.

J'acquiesçai.

– Alors, dit-elle en me tendant un billet, voulez-vous me faire le plaisir d'y copier ce message ?

Ma chère doña Isabelle,
À l'occasion de votre dix-huitième anniversaire,
Je souhaite du fond du cœur
Que votre nouvelle vie
D'épouse et de future reine
Soit remplie d'événements heureux.

Votre amie affectionnée et fidèle servante,
Beatríz de Bobadilla y Cabrera

Ocaña, le 2 mai 1469

Enfin ! Un message du roi Juan est enfin arrivé, transmis clandestinement par Chacón, qui le tenait lui-même de monseigneur Carrillo, lequel l'avait reçu des propres mains de l'ambassadeur Pierres de Peralta. Le roi Enrique, *El León*, peut continuer à rugir devant ma porte, ces trois hommes détiennent la clef de mon avenir.

Le contrat de mariage est sur le point d'être rédigé. Monseigneur Carrillo exige que ma corbeille de noce soit somptueuse.

– Il s'agit d'équilibrer la balance, explique Chacón. En effet, la Castille est beaucoup plus vaste et plus riche que l'Aragón. La future reine de Castille a donc l'avantage sur le futur roi d'Aragón.

Le roi Juan a agréé la demande. Je dois d'abord recevoir comme cadeau de fiançailles quarante mille florins d'or, ainsi que les impôts et taxes d'un certain nombre de riches cités d'Aragón et de Sicile, puis, après que le mariage aura été célébré, cent mille florins d'or.

En outre, le prince Fernando va m'envoyer un collier d'or et de rubis qui appartenait autrefois à sa mère.

– Et moi ? ai-je demandé à Clara. Que dois-je donner en échange ?

Clara a ri.

– Votre propre personne, doña Isabelle, s'est-elle écriée avec ravissement. Seulement votre propre personne !

– Ce n'est certes pas là un don insignifiant, a corrigé Chacón.

Chacón étant un homme sérieux, je savais qu'il pensait à ma position de future reine.

– La question, poursuivit-il, est de savoir *quand* vous recevrez votre corbeille de noce. Le roi Juan refuse, non sans raison, de l'envoyer avant que vous ne soyez libérée de la tutelle d'Enrique. En effet, tant qu'il exercera un contrôle sur votre existence, vous pouvez très bien vous retrouver mariée du jour au lendemain au Portugais. Ou au Français.

– Le Français ? m'enquis-je, complètement abasourdie. Quel Français ? De quoi s'agit-il ?

Chacón jeta un coup d'œil à son épouse, qui secoua la tête, puis se tourna à nouveau vers moi.

– Vous avez un autre prétendant, doña Isabelle. Charles, duc de Berry, frère du roi Louis XI, souhaite vous épouser. L'ambassadeur français est arrivé il y a deux jours pour rencontrer Enrique.

Ainsi me faut-il continuer à jouer la comédie. Je me demande quand je recevrai enfin le collier de rubis.

Ocaña, le 5 mai 1469

Le roi Enrique m'a envoyé chercher ce matin. Craignant qu'il ne m'eût convoquée pour discuter de la proposition de mariage du duc de Berry, j'étais évidemment très mal à l'aise. Je n'avais pas vu mon frère depuis la fête de Noël. Il s'était alors comporté le plus cordialement du monde, mais à peine trois jours plus tard, il menaçait de me jeter en prison !

Lorsque je me présentai devant lui, je le trouvai assis à une table en train de se couper les ongles avec un petit couteau d'argent. Sans perdre de vue le couteau, je me penchai pour lui baiser la main. Comme à l'accoutumée, il m'écarta d'un geste. Mais cette fois, il ne souriait pas.

– Doña Isabelle, commença-t-il d'un ton las, dans deux jours je partirai pour l'Andalousie à la tête de mes troupes. Une rébellion menace d'éclater dans le Sud. Je serai absent au moins un mois, peut-être davantage. Jurez-moi que vous ne quitterez pas Ocaña et que vous ne ferez *aucun* projet de fiançailles en mon absence. À mon retour, j'arrangerai votre mariage pour le mieux. Jurez-vous cela ?

Tout en attendant ma réponse, Enrique m'observait attentivement. Je réfléchis un bref instant : j'avais *déjà* mis en œuvre un projet précis de fiançailles, par conséquent, il n'était pas question d'en élaborer un *maintenant*. La nuance était subtile, mais elle avait l'avantage de m'éviter de faire un faux serment.

– Je vous en donne solennellement ma parole, mon seigneur, dis-je.

– Bien, répondit-il.

Sur ce, il recommença à se couper les ongles.

J'étais congédiée. Le prétendant français n'avait même pas été évoqué.

Ocaña, le 9 mai 1469

Deux jours plus tôt, j'avais regardé Enrique partir à cheval pour la région de Cordoue à la tête de ses troupes. Et voilà qu'aujourd'hui, l'ambassadeur de France s'est présenté très officiellement pour me soumettre la proposition de mariage du duc de Berry ! Il avait les joues fardées de rouge et poudrées, et il émanait de sa personne un abominable parfum. Je l'ai senti avant même qu'il ne pénètre dans mes appartements. Je n'aime vraiment pas les habitudes françaises.

Je le saluai de mon sourire le plus hypocrite. Puis, après l'avoir assuré que la proposition du duc me flattait, je lui promis de la considérer avec attention.

– J'attends un signe de la volonté de Dieu, ajoutai-je avant de baisser les yeux avec un soupir. Mais comme vous le savez, monsieur l'ambassadeur, je ne puis rien décider sans le conseil des *grandes* et le consentement de mon frère qui guerroie au loin.

Que pouvait donc répondre le Français à cet argument ? Rien, absolument rien. Je deviens très habile à prononcer le mot *peut-être* de manière que mon interlocuteur le comprenne comme un *oui*, alors qu'en réalité, je veux dire *non*.

Ocaña, le 24 mai 1469

À peine l'ambassadeur de France avait-il pris congé que j'envoyai un message à monseigneur Carrillo, le priant de venir me voir de toute urgence. Je savais que personne n'oserait éconduire l'archevêque, surtout quand on le verrait arriver au palais en tenue de chevalier et escorté par quelque deux cents soldats, comme ce fut le cas aujourd'hui.

Le beau temps le permettant, nous nous rencontrâmes sous les arbres fruitiers. Tandis que nous marchions dans le verger, l'épée qu'il portait au côté cliquetait.

– Seuls les oiseaux peuvent nous entendre, commenta l'archevêque.

Je lui parlai des promesses qu'Enrique m'avait arrachées avant de partir pour l'Andalousie, de la visite de l'ambassadeur français et de ce que j'avais dit à chacun d'entre eux.

– Ah oui, le duc de Berry ! grommela Carrillo. J'ai déjà envoyé l'un de mes chapelains enquêter au sujet du frère du roi de France.

– Et qu'en est-il ? Que savez-vous de lui ? Éclairez-moi, je vous prie.

– Selon le chapelain, le duc est un être pâle et mou aux jambes grêles et aux yeux larmoyants. Il est, à tous points de vue, l'opposé de Fernando.

– Combien de temps me faudra-t-il encore supporter tout cela ? m'écriai-je. J'aspire tant à quitter

Ocaña et à préparer mon mariage – ce que j'ai juré de ne pas faire !

– Patience, doña Isabelle, recommanda l'archevêque. Nous devons organiser avec la plus grande prudence votre fuite d'Ocaña. Et je tiens absolument à ce que vous ayez reçu du roi Juan au moins une partie de votre cadeau de mariage avant que vous n'entrepreniez ce voyage pour le moins audacieux. Le roi Juan, pour sa part, refuse d'envoyer le moindre florin tant que vous ne serez pas libérée de la tutelle d'Enrique. Par conséquent, je vous prie d'être patiente jusqu'à ce que j'aie réussi à l'amadouer.

– J'essaierai, monseigneur, je vous le promets. Mais quand ce jour viendra-t-il ?

– Si vous partiez maintenant, Pacheco ordonnerait à ses soldats de s'emparer de vous. Par ailleurs, doña Isabelle, nous avons besoin d'argent pour recruter des soldats susceptibles de vous défendre. Et aussi pour convaincre certaines personnes haut placées de vous accorder leur soutien.

– Autrement dit, les soudoyer ? Est-ce bien ce que vous entendez par là ?

– En effet.

Je sais que l'archevêque a raison et que je dois l'écouter. J'ai déjà commis par le passé une grave erreur en ne tenant aucun compte de ses conseils. Mais je crois que je ne pourrai pas supporter de rester ici, à Ocaña, où je suis entourée d'espions et de gens qui souhaitent ma mort, un mois de plus, un jour de plus, ni même une heure de plus.

Ocaña, le 2 juin 1469

C'est une idée de Clara – l'avisée Clara !

Nous étions occupées à coudre tranquillement des chemises pour les pauvres quand Clara leva les yeux de son ouvrage pour me chuchoter :

– Le 5 juillet prochain, ce sera l'anniversaire de la mort de votre frère Alfonso. N'avez-vous pas l'intention d'accompagner sa dépouille du couvent d'Arévalo jusqu'à son lieu de sépulture définitif, à Ávila ?

– Mais…, protestai-je à voix basse tout en jetant à la hâte un coup d'œil autour de moi pour vérifier si quelqu'un ne nous écoutait pas (par miracle, il n'y avait personne – tout au moins personne de visible). Mais Clara, j'ai fait à Enrique le serment de ne pas quitter Ocaña.

– Je suis sûre que le roi n'interdirait pas un déplacement de la sorte, répondit-elle dans un souffle. N'est-ce pas son propre frère qu'il s'agit d'honorer ?

– Tu as raison, Clara. C'est mon devoir d'honorer Alfonso.

Et voilà comment ma fidèle gouvernante m'a amenée à réfléchir – et à intriguer.

Ocaña, le 8 juin 1469

C'est un acte de trahison que je suis sur le point de commettre. En tout cas, le roi Enrique y verrait un acte de trahison. En septembre dernier, à Toros de Guisando, je m'étais solennellement engagée à lui obéir. Il y a à peine un mois, je lui ai promis de ne pas quitter Ocaña. Et me voilà prête à rompre ces deux serments ! La raison de mon comportement est très simple : j'ai perdu toute confiance dans le roi, et je me refuse désormais à feindre d'avoir foi en lui.

Voici notre plan : Cárdenas me fera savoir quand tout sera prêt. Nous voyagerons à cheval – de nuit et sous un déguisement. L'archevêque a demandé à son ami l'évêque de Burgos, ainsi qu'à un petit groupe de loyaux *grandes* de m'accompagner.

C'est Chacón qui dirigera la troupe. Clara supplie son époux de lui permettre de venir, mais en vain : elle se heurte à une interdiction formelle. Je lui suis certes reconnaissante de sa fidélité à toute épreuve, mais je crains qu'elle ne puisse supporter l'épreuve que représente un voyage aussi long et aussi dangereux. En outre, elle me sera plus utile ici, à Ocaña.

Ocaña, le 13 juin 1469

– Minuit, a glissé Cárdenas au souper.
Je suis prête. Un peu nerveuse toutefois.

Madrigal, le 18 juin 1469

Grâce en soit rendue à Dieu ! Grâce en soit rendue à Dieu ! Je suis saine et sauve. De toute ma vie, je n'ai été aussi effrayée.

Récapitulons : peu après minuit, nous avons quitté Ocaña, vêtus de la rugueuse robe de bure des moines. Clara, qui m'a promis de dissimuler mon absence le plus longtemps possible, me rejoindra dans quelques jours pour m'apporter mes robes ainsi que d'autres affaires (outre ce cahier, ma sacoche de selle ne contient en tout et pour tout qu'un crucifix d'or, cadeau de ma mère).

À la faveur de la clarté de la lune, qui avait toutefois le désavantage de nous exposer à l'éventuelle curiosité des passants, nous progressâmes rapidement. Après avoir contourné Madrid par le sud-ouest, nous fîmes halte de loin en loin dans des monastères où Carrillo avait arrangé à l'avance notre hébergement, mais ce ne fut jamais que pour un bref repos de quelques heures.

À la fin du troisième jour, nous croisâmes une troupe de soldats. J'avais pris soin de dissimuler mes cheveux sous le capuchon de l'habit de moine. Laissant nos montures se rafraîchir, nous écoutâmes les soldats raconter à l'évêque de Burgos que les *caballeros* d'Enrique s'étaient emparés quelques heures plus tôt de la ville d'Arévalo.

– Il est impossible de nous rendre là-bas, conclut l'évêque quand les soldats eurent repris leur route.

Les autres acquiescèrent.

– La « reine veuve » ! m'écriai-je alors. Il faut absolument que je sache où se trouve madame ma mère avant que nous n'élaborions tout autre projet.

Sur ce, sans me soucier de mes membres perclus de douleurs, je remontai à cheval et incitai mes compagnons à aller de l'avant.

Éperonnant nos chevaux sans pitié, nous parvînmes à atteindre au point du jour une église proche de la cité d'Arévalo dont les tours apparaissaient dans le lointain. Nous y fîmes halte. Un frère convers très âgé nous invita à prendre un peu de repos et à partager son frugal repas de pain et de fromage. Jamais festin ne me parut plus exquis !

De sa vieille voix d'asthmatique, le frère évoqua les graves troubles qui venaient d'avoir lieu.

– La « reine veuve » est partie pour Madrigal avec sa suite, conclut-il en s'adressant directement à moi, bien que je ne me fusse pas identifiée. En chemin, ils se sont arrêtés ici.

Il secoua tristement la tête.

– Pauvre créature, pauvre créature ! marmonna-t-il encore en se frappant la tête.

Il faisait très certainement allusion à la folie de ma mère.

En dépit de notre épuisement, nous repartîmes bientôt pour Madrigal. Hier soir, nous avons franchi les hautes portes en pierre de la ville où je suis née.

Madrigal, le 20 juin 1469

Je séjourne dans le château où ma mère m'a mise au monde. Elle est ici avec moi.

Très étrangement, elle a recouvré une partie de sa mémoire – peut-être parce qu'elle est revenue dans un lieu où, jadis, elle connut le bonheur. Quand nous nous sommes retrouvées hier, elle m'a reconnue tout de suite. J'en ai éprouvé une grande joie, bien qu'elle ait beaucoup changé et terriblement vieilli – au point que c'est moi qui ai eu peine à la reconnaître. Ana, mon ancienne servante, l'accompagnait, ce dont je lui sais gré.

J'ai été très heureuse aussi de trouver, à mon arrivée au château de Madrigal, Beatríz et Rodrigo, également sains et saufs !

– Quel plaisir de pouvoir parler librement sans espions tapis dans chaque coin de la pièce ! ai-je remarqué après que Beatríz et moi nous sommes embrassées.

À Ségovie, puis à Ocaña, j'étais la prisonnière d'Enrique, et je me suis juré de ne plus jamais l'être.

— Vous n'êtes pas encore l'épouse de Fernando, a rétorqué Beatríz qui n'a rien perdu de son franc-parler. Il se peut qu'il y ait d'autres tentatives pour empêcher ce mariage. Peut-être est-il temps pour vous d'engager des espions à votre service.

— Pensez-vous à quelqu'un de particulier ? ai-je demandé.

— Bien entendu !

Tandis que la réponse fusait, le feu éclatait dans son regard. Je reconnaissais bien là mon amie.

Je crois savoir qui elle a en tête, mais j'ignore encore quelle sera ma réponse.

Ávila, le 30 juin 1469

Dès que j'ai eu pris quelque repos et recouvré mes forces, la « reine veuve » et moi sommes parties pour Ávila où le cercueil d'Alfonso avait été transporté. Il repose à présent dans la cathédrale.

Ma gouvernante nous a rejoints aujourd'hui. Elle était soulagée aux larmes, non moins que moi, de nous retrouver tous sains et saufs. N'avait-elle pas craint le pire ? Quand la nouvelle de ma fuite s'est ébruitée à Ocaña, a rapporté Clara, *El Zorro* est entré en fureur. Il parcourait la ville en criant : « Vous voyez ! Doña Isabelle a montré son jeu et dévoilé ses véritables intentions ! Elle a commis un acte de trahison contre la Couronne ! »

– Il a aussitôt dépêché auprès d'Enrique un messager, a poursuivi Clara, demandant l'autorisation d'envoyer des troupes pour vous arrêter.

J'ai senti mon visage blêmir.

– Je ne suis au courant de rien, ai-je dit. Savez-vous ce que mon frère lui a répondu ?

– Oui : « Laissez-la aller pour l'instant. » Voilà ce qu'il s'est contenté de lui répondre : « Laissez-la aller pour l'instant. » Si irrité qu'il fût, Pacheco a bien été obligé d'obéir.

– *Pour l'instant*, ai-je répété. Ce qui signifie : des ennuis par la suite.

– C'est précisément la raison pour laquelle il faut que vous ayez des espions, doña Isabelle, a déclaré Beatríz qui écoutait la conversation.

– Oui, Isabelle, il le faut, a renchéri comme en écho ma mère, ce qui nous a tous ébahis.

Ávila, le 5 juillet 1469

*T*andis que sonnait le lugubre glas et que lentement, très lentement, les tambours battaient, le cercueil d'Alfonso, roi de Castille, fut déposé dans la tombe qui l'attendait. Ma mère, en grand deuil, laissa échapper un soupir qui paraissait émaner du tréfonds même de son âme avant de tomber sans connaissance sur le sol dallé de la cathédrale. Seule la prompte réaction d'Ana lui évita de se blesser.

Bien qu'elle ne tardât pas, grâce à nos soins, à reprendre connaissance, les éclairs de lucidité que j'avais pu remarquer les jours précédents avaient disparu. Ma mère ne se rappelle plus qui je suis.

Madrigal, le 24 juillet 1469

Dans l'espoir que ma ville natale m'offrirait un refuge sûr en attendant de plus amples nouvelles du prince Fernando et du roi Juan, j'y retournai avec ma mère. En outre, j'escomptais qu'un séjour à Madrigal l'aiderait à guérir son esprit fêlé et son âme blessée. Je me trompais : ni l'un ni l'autre de ces espoirs ne s'avéra fondé.

Et devinez qui arriva quelques jours seulement après que j'eus déballé mes affaires... L'ambassadeur français ! C'est, bien entendu, Enrique qui l'avait envoyé ! Et, tandis que j'étais occupée à débiter les mêmes phrases creuses et à dispenser des sourires hypocrites à *monsieur l'ambassadeur*, j'appris qu'Enrique avait ordonné au conseil municipal de me garder ici de force.

Entre-temps, Beatríz et Clara, que j'employais dorénavant en qualité d'« espionnes », déclarèrent haut et fort à qui voulait les entendre qu'elles s'opposaient à mon mariage avec le prince d'Aragón et ne souhaitaient plus rester à mon service. Elles partirent pour Coca et le château de monseigneur Fonseca en manifestant à grand bruit leur vif mécontentement. Le château de Fonseca – où la reine Juana est tombée amoureuse l'an dernier – doit être tout vibrant d'intrigues.

Madrigal, le 29 juillet 1469

Monseigneur Fonseca se prépare à emmener ses *caballeros* à Madrigal afin de m'arrêter. Tels sont les ordres d'*El Zorro*.

Ces informations m'ont été transmises aujourd'hui par Beatríz et Clara qui sont déjà de retour de Coca. Je les ai vues s'engouffrer toutes les deux dans mes appartements, rouges d'excitation.

– Assez d'espionnage ! a dit Clara d'une voix entrecoupée en s'effondrant sur une banquette.

Elle a envoyé un message à Cárdenas pour le prier d'aller demander de l'aide à monseigneur Carrillo.

– Je crois qu'espionner lui plaisait beaucoup, m'a confié Beatríz un peu plus tard – du moins jusqu'à ce qu'elle ait pris conscience du danger.

Le danger n'a jamais préoccupé Beatríz.

Je n'ai plus qu'à attendre la nouvelle de ma libération ou de mon emprisonnement – un emprisonnement qui risque d'être autrement sévère. Et ce Français parfumé qui ne veut pas s'en aller ! Quelle terrible semaine !

Madrigal, le 2 août 1469

J'écris dans ce cahier, parée d'un éblouissant collier d'or incrusté de perles et de pierres précieuses auquel est suspendu un rubis rouge sang de la taille d'un œuf de poule. Le collier d'or et de rubis appartenait à la mère de Fernando et, avant elle, aux reines d'Aragón. C'est un messager déguisé en mendiant qui me l'a apporté avant l'aube. Il m'a également remis huit mille florins d'or. Ce « mendiant » m'a informée que l'archevêque était parti pour Madrigal avec six cents *caballeros* afin de me porter secours.

Puisse-t-il arriver avant monseigneur Fonseca ! Telle est ma prière.

Valladolid, le 9 août 1469

D'une meurtrière de la tourelle je surveillais les nuages de poussière soulevés dans le lointain par monseigneur Fonseca et ses soldats quand je vis l'archevêque Carrillo enveloppé de sa cape cramoisie franchir les portes de la ville à la tête de son armée. Cárdenas l'accompagnait. J'étais sauvée ! Je tombai à genoux en rendant grâces à Dieu. Après quoi, je me hâtai d'aller faire mes adieux à ma mère qui se contenta de fixer sur moi de grands yeux vides.

– Chante-lui quelque chose, Ana, implorai-je avant de partir.

Quelques secondes plus tard, j'entendis les notes plaintives de mon cistre et la douce voix de ma servante. Un cheval m'attendait dans la cour. Portant toujours le collier de rubis, je rejoignis l'archevêque, et nous partîmes au son des timbales et des trompettes.

Notre première destination était Fontiveros, non loin d'Arévalo. Devant les portes de la ville nous attendaient l'*alcalde* et les membres du conseil municipal venus à notre rencontre.

– Nous ne pouvons vous autoriser à entrer, dit le maire, tandis que ses conseillers hochaient nerveusement la tête. Ce serait nous exposer à l'ire du roi.

Nous poursuivîmes donc notre chemin en direction d'Ávila où nous savions que nous serions bien accueillis.

Hélas, hélas ! une nouvelle épidémie de peste avait éclaté peu de temps après mon départ d'Ávila, et durant mon absence, elle s'était considérablement étendue.

– Si l'on ferme la ville, fit observer Carrillo, nous risquons d'être pris au piège ici.

– Alors où aller ? m'enquis-je d'un ton las.

J'étais au bord des larmes.

– À Valladolid, répondit-il. Plus exactement au palais de Juan de Vivero qui est marié à la fille de mon frère, María de Acuña. Nous sommes certains d'y trouver un refuge.

– Valladolid est très loin, me lamentai-je. Si nous allions là-bas, il faudrait rebrousser chemin jusqu'à Arévalo – et même au-delà – à travers des nuages de poussière étouffante, puis poursuivre notre route en passant par Medina del Campo.

– Nous n'avons pas le choix, doña Isabelle.

Et c'est ainsi qu'au terme d'une chevauchée d'une nuit et un jour, nous gagnâmes Valladolid. À notre arrivée, environ une demi-heure après le coucher du soleil, une foule de *grandes* et de citoyens ordinaires nous accueillit avec des vivats et des hourras.

Je crois que je ne remonterai plus jamais sur un cheval.

Valladolid, le 8 septembre 1469

*J*e me suis complètement remise de notre exténuant voyage, Beatríz aussi, mais Clara, elle, marche toujours avec raideur. Elle ne s'en plaint guère – le seul sujet de conversation qu'elle aborde, c'est celui de mon mariage.

Pendant plusieurs jours, j'ai essayé de rédiger une lettre à l'intention d'Enrique. J'ai déchiré une douzaine de feuilles de parchemin avant de parvenir à exprimer ce que je voulais dire.

« Prince très haut, roi et seigneur tout-puissant », ai-je commencé. Afin de tenter de lui faire entendre la raison pour laquelle j'ai agi ainsi, je suis revenue sur les événements de l'année précédente. Je lui ai rappelé notamment les promesses que nous avions échangées à Toros de Guisando. Désireuse qu'il approuve mon mariage avec Fernando, je me suis efforcée de le convaincre que notre union ajouterait à la gloire de son royaume.

J'ai continué à écrire et écrire, page après page. Enfin, voilà juste une heure, j'ai apposé mon sceau sur la lettre adressée au roi, à Córdoba, et j'ai confié cette missive à un messager.

Valladolid, le 9 septembre 1469

La pleine lune brillait de tout son éclat quand, aux premières heures du jour, Cárdenas et Chacón sont partis en grand secret pour l'Aragón. L'archevêque Carrillo leur a donné l'ordre de ramener Fernando en Castille avant qu'Enrique et Pacheco ne reviennent de Córdoba.

Valladolid, le 19 septembre 1469

Mauvaises nouvelles de Cárdenas. Tous les châteaux situés le long de la frontière qui sépare l'Aragón de la Castille et Fernando de moi sont entre les mains d'hommes acquis à Enrique.

Beatríz, Clara, et la nièce de Carrillo, María de Acuña, complotent pour me distraire et m'arracher au désespoir.

Elles ne parlent de rien d'autre que du mariage – de *mon* mariage. Tandis que nous nous promenons dans le jardin – le temps est très beau à présent –, mes amies évoquent ma robe de mariée. Clara l'imagine volontiers en damas, mais Beatríz opterait plutôt pour une soie unie brodée de pierres précieuses. María, pour sa part, se demande combien de pièces de gibier il faudra rôtir et combien de barriques de vin il faudra commander. Quant à moi, mon seul souci est le voyage de mon futur époux. Puisse-t-il arriver à bon port !

Valladolid, le 1ᵉʳ octobre 1469

Dans la partie d'échecs qui se joue actuellement entre mon frère et moi, les manœuvres sont très lentes. J'imagine qu'à l'heure qu'il est, mon promis est en route pour me rejoindre. J'imagine en même temps qu'à l'heure qu'il est, mon frère fou furieux est peut-être, lui aussi, en chemin.

Entre-temps, Beatríz et Clara ont mis sur pied une organisation remarquable : avec l'aide de couturières engagées par María, mes dames d'honneur sont maintenant occupées à me confectionner une nouvelle garde-robe. De l'aube jusqu'à l'extinction des chandelles, à minuit, une bonne douzaine d'aiguilles ne cessent de voler. Je couds, moi aussi – le temps passe ainsi plus vite. Toutes ces filles ont beau avoir juré le secret, je suis sûre que les langues doivent se mettre à voler aussi vite que les aiguilles dès que j'ai le dos tourné.

Valladolid, le 11 octobre 1469

Quel soulagement ! Quelle joie !

Chacón et Cárdenas sont arrivés un peu après minuit, épuisés mais triomphants. Je ne dormais pas encore et j'ai pu accueillir les voyageurs. Voici l'histoire qu'ils m'ont racontée :

Il y a cinq jours, Fernando, déguisé en muletier, partit pour la Castille en compagnie d'un guide et de cinq amis. Personne, absolument personne, et surtout aucun de nos ennemis, ne prêta la moindre attention à lui. Qui aurait imaginé un prince sous ses guenilles ? En chemin, le petit groupe aperçut un couple d'aigles qui prenait son essor : c'était un heureux présage.

Le voyage, certes fort long, se passa sans incident jusqu'à ce que Fernando et ses compagnons se fussent enfoncés assez loin dans le royaume de Castille.

– Alors, expliqua Chacón, voilà exactement trois jours, un incident terrifiant s'est produit.

Chacón et Cárdenas, qui avaient pour mission d'ouvrir la route à Fernando et devançaient donc le prince et son escorte, s'arrêtèrent pour la nuit au château du comte de Trevino. N'escomptant pas voir arriver le prince avant le lendemain, les deux voyageurs allèrent se coucher. Personne n'avait prévenu le garde que d'autres invités étaient attendus. Aussi, quand le prince et ses amis en haillons approchèrent du château, la sentinelle donna l'alarme, et un garde en faction sur le parapet fit basculer un rocher en contrebas, manquant le prince de justesse. Le bruit éveilla Chacón, lequel cria quelque chose à l'adresse du garde, éveillant à son tour le comte.

– Quelle nuit ! s'écria Cárdenas, reprenant le récit de Chacón. Arraché à son sommeil, le comte se précipita à la rencontre du prince d'Aragón avec force porteurs de torches et sonneurs de trompettes. Les trompettistes firent tant et tant de bruit que personne ne put fermer l'œil.

– Et où se trouve le prince à présent ? m'enquis-je, les jambes tremblantes de soulagement.

– Dans le village de Dueñas, à une petite journée de voyage d'ici. L'archevêque Carrillo l'a rejoint. Ils seront ici demain.

Valladolid, le 12 octobre 1469

*L*e prince est effectivement ici, mais je ne l'ai point encore vu. Toutefois, à la requête de Carrillo, j'ai signé plusieurs documents dans lesquels Fernando et moi, nous nous engageons à honorer l'archevêque et à tenir compte de ses conseils pour gouverner le royaume. J'agis ainsi, telle une fille soucieuse d'honorer son père, car en vérité, monseigneur Carrillo a été un véritable père pour moi.

Quant à mon frère, je n'ai toujours aucune nouvelle de lui. Aussi, en attendant de rencontrer face à face mon prince et futur époux, ai-je écrit à nouveau au roi Enrique, l'implorant d'approuver mon mariage.

Mais quand verrai-je Fernando ? Je suis trop agitée pour pouvoir absorber la moindre bouchée de nourriture.

Valladolid, le 14 octobre 1469

C'est lui ! Oh, c'est lui ! Et, en tous points, tel que j'ai pu l'imaginer dans mes rêves !

J'écris ces mots à trois heures du matin. Mon futur époux vient de quitter Valladolid pour s'en retourner au château de Dueñas où il demeurera jusqu'au jour de notre mariage.

Arrivé ici à minuit avec trois de ses amis, il pénétra dans le palais par la porte de derrière. Vêtue d'une nouvelle robe en soie lavande – cousue par les soins de mes dames d'honneur sous la direction de Clara – et parée du collier d'or et de rubis, je l'attendais dans une salle retirée éclairée par des douzaines de chandelles.

Je n'oublierai jamais le moment où il est entré dans la pièce, précédé de l'archevêque Carrillo. Cárdenas, qui faisait anxieusement les cent pas autour de moi, s'est soudain écrié :

– C'est lui !

L'espace d'un instant, nous nous sommes mesurés du regard. J'avais sous les yeux un noble et beau jeune homme de taille moyenne avec des cheveux bruns très lisses, des yeux intelligents et une bouche sensible où je percevais des signes de bonté. Il m'a plu sur-le-champ. Je crois de tout mon cœur que je l'aimerai d'amour. Je pense même que si l'archevêque n'avait pas assisté à notre entrevue, nous aurions pu nous jeter fort imprudemment dans les bras l'un de l'autre.

Notre entretien aura duré deux heures. J'aime sa manière de penser et de parler. Il a le sens de l'humour, il a de l'autorité, il a de l'imagination ! Je n'ai pas eu besoin de deux heures pour me rendre compte que j'avais pris la bonne décision, tant pour moi que pour le royaume.

Une fois nos promesses de mariage officiellement enregistrées, le prince Fernando a pris congé, emportant mon cœur avec lui. Il reviendra dans quatre jours. Dans l'intervalle, sous la direction de María de Acuña qui surveille de près les préparatifs de mon mariage, le palais tout entier va bourdonner du matin au soir comme une ruche.

Valladolid, le 18 octobre 1469, fête de San Lucas

Aujourd'hui, Fernando, prince d'Aragón et roi de Sicile, est entré à cheval dans la ville, somptueusement vêtu et escorté de trente *caballeros* dans leurs plus beaux atours. Une foule de partisans s'était rassemblée pour l'acclamer, et leurs vivats m'ont réchauffé le cœur.

Ces quatre derniers jours, Juan de Vivero et María ont consacré tout leur temps à apprêter le château en l'honneur de cet événement, remplissant l'immense hall de brassées de feuilles et de fleurs odorantes et de centaines de chandelles. Quand la nuit a commencé à tomber, l'archevêque Carrillo a lu à voix haute le contrat de mariage signé par le prince Fernando et le roi Juan. Après quoi, il y eut un grand festin réunissant tous nos amis. Enfin, mon cher prince est retourné à Dueñas où il passera la nuit.

Demain, c'est le jour de notre mariage. Nous attendons plus de deux mille invités, outre les *grandes* et les hommes d'Église dont l'aide et le soutien n'ont jamais failli, et les nombreux amis qui n'ont cessé de nous encourager tout au long de ces mois difficiles. La liste de ces amis étant interminable, je ne la commencerai même pas. Il me faut pourtant citer, entre tous, Clara et Beatríz dont je devine, à voir son visage rayonnant, qu'elle attend un nouvel enfant.

À ma grande joie, ma mère, qu'Ana accompagne, est ici. Elle me sourit et me permet de l'embrasser, mais elle a toujours le regard absent, dénué de toute expression. J'essaie de me persuader qu'elle comprend tout avec son cœur, quand bien même son esprit ne peut plus rien saisir.

Après que nous aurons échangé des promesses de mariage, monseigneur Carrillo dira la messe et nous donnera la bénédiction nuptiale. Puis, à l'issue de cette heure solennelle, commenceront les multiples festivités : un banquet auquel tous prendront part, des danses et des chants très avant dans la nuit. Enfin, mon époux et moi nous retirerons dans la chambre nuptiale.

Tandis que j'écrivais ces mots, Beatríz est venue me voir.

– Eh bien, doña Isabelle, a-t-elle dit, une fois que vous serez une femme mariée, continuerez-vous à noter vos pensées dans ce cahier ?

Je n'avais pas encore envisagé cette question, mais à présent, ma décision est prise. Puisque ma vie est sur le point de changer du tout au tout, je crois qu'il est temps de ranger définitivement ce cahier. Toutefois, au lieu d'écrire le mot FIN, je vais écrire le mot :

COMMENCEMENT

POUR ALLER PLUS LOIN

ÉPILOGUE

Durant leurs noces, Isabelle et Fernando nagèrent dans la félicité, oubliant que Enrique ne leur avait pas accordé l'autorisation de se marier. Quand le roi apprit la nouvelle, il reprit les villes qui constituaient l'unique source de revenus de sa sœur. Leurs premières années de mariage d'Isabelle ne furent guère faciles du fait du manque d'argent et des longues absences de Fernando pour guerroyer sous la bannière du roi Juan ou pour traiter les affaires de son père dans le royaume d'Aragon.

En 1474, le roi Enrique mourut sans nommer d'héritier. L'archevêque Carrillo convainquit Isabelle qu'il n'y avait pas un moment à perdre si elle avait des prétentions au trône – pas même le temps de faire venir Fernando, alors à Saragosse. Deux jours après la mort du roi, à Ségovie, monseigneur Carrillo plaça la couronne ornée de pierres précieuses du royaume de Castille et León sur la tête d'Isabelle. Quand Fernando découvrit que son épouse avait été couronnée reine en son absence, le réduisant ainsi au rôle de « prince consort », il fut mécontent. Toutefois, le couple royal parvint à trouver un équilibre et à forger un partenariat qui servit leurs intérêts comme ceux de leurs sujets.

POUR ALLER PLUS LOIN

Isabelle eut maille à partir avec l'archevêque Carrillo. En 1475, estimant qu'il n'avait pas été récompensé de l'aide qu'il avait apportée au jeune couple, il prêta allégeance au roi Afonso de Portugal, alors fiancé à sa nièce, la princesse Juana. Afin de protéger ses intérêts, le roi du Portugal déclara la guerre à la Castille. Afonso vaincu, l'archevêque Carrillo implora le pardon d'Isabelle, qui le lui accorda. En revanche, la reine ne se réconcilia jamais avec Juana, qui s'était toujours parée du titre de « princesse de Castille », et envoya la malheureuse dans un couvent. Persuadée qu'Isabelle l'avait dépossédée de son légitime droit de succession au trône, Juana, jusqu'à sa mort, signa ses lettres *Yo la reina*, « Moi, la Reine ».

En 1478, à la joie du roi et de la reine, naquit enfin un fils, Juan. Un an plus tard, Isabelle mit au monde une seconde fille, Juana. Elle eut encore deux filles, María et Catalina. Mais leur fille aînée mourut en accouchant de son fils qui périt avant son second anniversaire. Juan mourut à dix-neuf ans. Juana succomba à la folie et Catalina, connue sous le nom de Catherine d'Aragón, fut la première des six épouses d'Henry VIII. Seule María, semble-t-il, mena une vie heureuse.

La reine Isabelle s'éteignit le 20 novembre 1504, à l'âge de cinquante-trois ans. Sa dépouille repose dans une tombe de la Chapelle royale de Grenade. À son côté gît Fernando, qui mourut en 1516.

POUR ALLER PLUS LOIN

UN RÈGNE FASTE

Fernando et Isabelle apportèrent l'ordre dans leurs royaumes déchirés par la guerre civile depuis de nombreuses années. Même si leur pays ne sera officiellement connu sous le nom d'Espagne que bien plus tard, ils en avaient une vision nationale et le percevaient déjà comme l'*España*.

Leur objectif primordial était de bouter hors de la péninsule ibérique les Maures, qui l'avaient envahie en l'an 711 après Jésus-Christ et avaient fondé des communautés musulmanes. Si leurs connaissances en astronomie, en agriculture et en médecine, ainsi que leurs conceptions de l'art et de l'architecture avaient enrichi la culture espagnole, ils n'en étaient pas moins des « infidèles ». Durant huit siècles, les rois chrétiens se vouèrent donc au triomphe d'une seule cause : débarrasser le pays des musulmans (et aussi des juifs) et reconquérir les territoires tombés sous le joug des Maures.

Isabelle et Fernando se jurèrent de réussir. En 1481, ils reprirent la *Reconquista*, la « Reconquête ». Isabelle élaborait le plan des campagnes, Fernando commandait les troupes. En janvier 1492, après onze ans de luttes, ils triomphèrent enfin : ils avaient repris les villes que les Maures avaient jadis investies, et la *Reconquista* était achevée.

POUR ALLER PLUS LOIN

Un autre événement marqua l'année 1492. Six ans plus tôt, un navigateur italien du nom de Christophe Colomb était venu présenter un grand projet: tracer une nouvelle route vers l'Orient, « atteindre l'Est en naviguant dans la direction de l'Ouest ». D'autres navigateurs avaient eu la même idée mais le Génois convainquit les souverains qu'il était inspiré par la volonté de Dieu. Pensant que les sauvages des Indes pourraient être convertis au christianisme, Fernando et Isabelle acceptèrent d'examiner sa proposition. Colomb attendit six ans avant qu'Isabelle lui promette de satisfaire ses demandes, y compris un titre de noblesse et une part des profits.

Le 3 août 1492, Christophe Colomb prit la mer avec trois navires. Le 12 octobre, il aperçut une terre – non pas une île aux confins de l'Orient, comme il le croyait, mais une des îles Bahamas. Cinq mois plus tard, il revint en Castille annoncer sa découverte. Accueilli avec faste, il reçut le titre d'« amiral de la mer océane ». En septembre 1493, il entreprit un deuxième voyage, avec dix-sept navires et mille cinq cents colonisateurs. Il fonda une colonie, mais revint en Castille sans les richesses promises. Sa troisième expédition fut plus désastreuse encore et il fut ramené prisonnier à Madrid. Relâché, il s'embarqua dans une quatrième expédition, pariant sa fortune qu'il atteindrait l'Asie continentale. Mais il échoua. Malade, ruiné, et démoralisé, il mourut en 1506.

La facette sombre d'un règne glorieux

La grande piété de Fernando et Isabelle ainsi que leur entreprise de reconquête leur valut d'être appelés « Les Rois très Catholiques ». Ce fut sous l'impulsion d'une foi ardente qu'ils envoyèrent Colomb explorer les terres étrangères et qu'ils expulsèrent les musulmans du pays, alors qu'ils contribuaient à l'économie et à la culture du royaume. Cette même dévotion les amena à persécuter et finalement à expulser les juifs.

Aux yeux de la reine, toute personne n'acceptant pas pleinement la foi chrétienne était coupable du péché d'hérésie. De plus, elle était convaincue que nombre de *conversos*, les juifs convertis au christianisme, étaient de faux chrétiens. À sa demande, le pape Sixte IV fonda le Tribunal de l'Inquisition espagnole qui avait tout pouvoir d'arrêter, de juger et de punir ceux qui étaient accusés d'hérésie. Torquemada, le confesseur de son enfance, fut nommé inquisiteur en chef.

Ainsi débuta une terrible période. Toute personne soupçonnée d'hérésie pouvait être arrêtée sur le champ. Les accusés, qui ne connaissaient pas l'identité de leurs accusateurs, étaient jugés coupables sans preuves. Beaucoup étaient torturés jusqu'à ce qu'ils avouent. Lors des procès pour hérésie, appelés *auto da fé* (« acte de foi » en portugais), les présumés coupables devaient faire publiquement *acte de foi* pour mériter leur rachat dans l'autre monde. Après quoi, les inquisiteurs prononçaient la sentence : la mort, le plus souvent par le feu. Des milliers de marranes (juifs convertis continuant secrètement à pratiquer leur foi) mais aussi de *conversos* sincères périrent durant cette époque. Le 31 mars 1492, le roi et la reine signèrent le décret de l'Alhambra obligeant les juifs à se convertir ou à s'exiler en laissant leurs biens. Beaucoup s'exilèrent au Portugal, en Italie, en Grèce, en Turquie et au Maghreb. Certains se cachèrent puis embarquèrent pour le Nouveau Monde.

Isabelle croyait sincèrement accomplir la volonté de Dieu. Toutefois, l'impitoyable dureté avec laquelle elle traita les juifs pratiquants comme les *conversos*, entraînant ainsi des milliers de mort, entacha gravement sa réputation et ternit l'éclat de son règne, si brillant par ailleurs. Sous la direction de la reine Isabelle et du roi Fernando, et en dépit du douloureux legs de l'Inquisition, l'Espagne était en effet devenue sur le plan politique la nation la plus puissante, la plus cultivée et la plus admirée d'Europe. Un siècle après la mort d'Isabelle, l'art et la littérature étaient toujours aussi florissants en Espagne. La période appelée l'« Âge d'Or de l'Espagne » n'avait pas encore pris fin.

POUR ALLER PLUS LOIN

QUELQUES DATES

1348 : Peste noire en Europe et en Asie ; massacres de la Peste noire
1391 : massacres et conversions forcées dans les communautés juives d'Espagne
1415 : expansion portugaise en Afrique
1451 : naissance d'Isabelle, future reine de Castille et León
1452 : naissance de Fernando II, futur roi d'Aragon
1473 : massacre des juifs de Cordoue et de Valladolid
1474 : massacre des juifs de Ségovie ; mort du roi Enrique, couronnement d'Isabelle Ire
1475-1479 : guerre de succession de Castille
1479 : union du royaume de Castille et León et du royaume d'Aragon. Fernando devient roi d'Aragon
1481 : reprise de la *Reconquista* (la reconquête de l'Espagne sur les Maures)
1483 : Tomás de Torquemada à la tête de l'Inquisition
1492 : découverte des Amériques par Christophe Colomb ; prise de Grenade et fin de la *Reconquista* ; expulsion des juifs de Castille et d'Aragon
1496-1497 : expulsion des juifs du Portugal ; conversions forcées massives

POUR ALLER PLUS LOIN

Des livres et des films

À LIRE

Incantation, par Alice Hoffman, Scripto, Gallimard Jeunesse

Christophe Colomb, Amiral de la mer océane
par Michel Lequenne, Découvertes Gallimard

Explorateurs de tous les temps
par Ruppert Matthews, Les Yeux de la Découverte, Gallimard Jeunesse

À VOIR

1492 : Christophe Colomb, de Ridley Scott, avec Gérard Depardieu et Sigourney Weaver

POUR ALLER PLUS LOIN

À PROPOS DE L'AUTEUR

Quand elle était lycéenne, **Carolyn Meyer** détestait l'histoire telle qu'on l'enseigne à l'école. L'existence concrète des gens à d'autres époques et dans d'autres pays (ce qu'ils mangeaient, les vêtements qu'ils portaient, leurs occupations tout au long de la journée, bref, ce qu'on appelle la « petite histoire ») lui semblait beaucoup plus intéressante que les batailles et les traités, les noms des généraux et les multitudes de dates à retenir. Et lorsqu'elle s'est mise à écrire, c'est dans cette direction que sa curiosité l'a entraînée, même si l'ironie du sort a voulu qu'elle épouse un historien – un homme « *aimant*, selon ses propres paroles, toutes ces batailles, tous ces généraux et tous ces traités » !

Il y a sept ans, au cours d'un voyage en Espagne, Carolyn Meyer a visité les villes où vécut jadis la reine Isabelle, notamment Ségovie avec son magnifique château, l'Alcázar, et l'antique aqueduc qu'Isabelle tentait de dessiner. Originaire de Pennsylvanie, Carolyn Meyer habite aujourd'hui le Nouveau Mexique où résident un certain nombre de descendants des juifs expulsés d'Aragon et de Castille et León durant la terrible époque de l'Inquisition. Elle est l'auteur de plus de quarante livres pour la jeunesse.

Mise en pages : Karine Benoit

Loi n° 49-956 du 16 juillet 1949
sur les publications destinées à la jeunesse

N° d'édition : 254218
Premier dépôt légal : juillet 2009
Dépôt légal : mars 2013
ISBN : 978-2-07-062710-3

Imprimé en Italie par L.E.G.O., Lavis (Trento)